いろはで学ぶ！
くずし字・古文書入門

小林正博

潮出版社

はじめに

二〇一六年に始めた「古文書解読検定」も三年目を迎え、合格者が六〇〇名を超えるまでになりました。本年五月には全国一〇会場で準一級・一級検定を実施し、最高レベルの一級合格者が八名誕生しています。

受験者の多くは歴史愛好者で、歴史の知識をどんどん増やしていく中で、古文書にも関心を持つようになり、解読学習を日々積み重ね、実力を試す意味で検定に挑戦しています。また、中には最寄りの郷土資料館に所蔵されている古文書に関心を持って、古文書サークルに所属している方たちもいます。

このように古文書学習人口が増えてきていることは、古文書解読検定の主催者としてうれしい限りです。

それにしても古文書の解読の壁は高く厚いと感じられるのか、自力で読めるようになったらいいなと思いながらも、古文書学習に踏み切れない方たちも大勢います。
本書は、古文書学習のはじめの第一歩を踏み出せるような内容をめざして出版しました。要は、一目見ただけではなんと書いてあるのかわからないくずし字・古文書が、どうしたらすらすら読めるようになるかです。もちろん短期間に十分な解読力が身に付くというものではありませんが、上達のためのコツはあります。

まず、第一段階は「いろは」から、つまり古文書に出てくる「ひらがな」のマスターです。

本書は、ここに焦点を当てて、「ひらがな」の解読だけに特化することにしました。古文書学習の入門書はたくさん出版されていますが、やはりはじめての古文書学習では「ひらがな」が取り上げられていません。初心者の方が読めない字の大半は「ひらがな」なのです。いうまでもなく、習ってきたひらがなは「あいうえお」から「わをん」まで四六字、わ行の「ゐ」「ゑ」を入れても四八字しかありません。ところが江戸時代の子どもたちが読み書きで習っていたひらがなはもっとたくさんあったのです。

本書で扱っているひらがなだけでも一一七字あります。
例として「け」には け  と四種類の「け」と読むひらがながあります。

つまり、現代人の知らない「け」がいくつもあったわけです。ひらがなは漢字をもとにして作られた文字なので、みな字母というもとの漢字から成り立っています。「け」は「計」からは「希」、は「介」は「遺」からできています。実はあとの三つの「け」は、明治三十三年の文部省小学校令でひらがな教育の現場から教えられなくなったのです。このいわば抹殺されたひらがなを「変体仮名」といいます。

実に本書の「いろはで学ぶ」というタイトルは、「変体仮名」を徹底的にマスターするとの意味を込めたものなのです。その恰好の教材として、本書ではまだ変体仮名が生きていた（?）明治五年発行の小学生向けの絵本である古川正雄著『絵入智慧の環』を選び、同七年発行の教材の活用法解説書である中和謙次著『小學授業次第』初編も取り入れながら編集しています。巻末には付録として同二十年発行の『幼稚園唱歌集』も収録しました。

本書は、潮出版社の潮新書・古文書入門シリーズの第四弾となります。いずれも古文書学習の入門教材として出版させていただいていますが、この場をお借りして四書の位置付けを説明すると次のようになります。

初歩の初歩―本書『いろはで学ぶ！くずし字・古文書入門』―変体仮名中心

基礎―『これなら読める！くずし字・古文書入門』（二〇一八年一月）―仮名と基本漢字

初級―『書ければ読める！くずし字・古文書入門』（二〇一八年十月）―頻出漢字
中級―『読めれば楽しい！古文書入門』（二〇一七年三月）―作品を読む

このように、本書ははじめて古文書学習に挑戦してみようとする皆さんを対象として提供するものです。本書がきっかけとなって、基礎から応用へと解読力がどんどん向上していくことを心よりご期待申し上げます。

令和元年九月五日

古文書解読検定協会代表理事　小林正博

いろはで学ぶ！くずし字・古文書入門◉目次

装幀◉清水良洋(Malpu Design)
本文DTP◉髙橋寿貴
構成◉梶川貴子

「古文書解読検定」について

本邦初の「古文書の解読検定」と銘打って、二〇一六年七月からスタートした検定試験です。三級・準二級・二級までが郵送形式の試験、準一級・一級は会場での試験になっています。

これまで、検定対策本として柏書房から『実力判定　古文書解読力』、『誤読例に学ぶくずし字――古文書解読検定総復習』、潮出版社から『読めれば楽しい!古文書入門』、『これなら読める!くずし字・古文書入門』、『書ければ読める!くずし字・古文書入門』を出版しています。

本検定の特徴は、合否はもちろん総合順位、問題別正解率、都道府県別合格者数などがわかることで、けっこう刺激的な試験になっています。

本検定に興味のある方は、古文書解読検定協会へ、おハガキまたは協会ホームページより「検定案内パンフ」をご請求ください。

おハガキでの検定案内パンフ請求先（郵便番号　住所　お名前・年齢を記入の上）

〒192-0082　八王子市東町6-8-202　古文書解読検定協会宛

出典は、『明治初期教育稀覯書集成』（全一一八冊）。同集成は、雄松堂書店から昭和五十五〜七年に復刻され、入門的な古文書学習のための教材としてもふさわしい内容が目白押しです。本書はその中から、くずし字学習にうってつけの教材を選び、掲載の許可をいただいて編集しました。

I　入門編

見慣れないひらがなに注目！

いろはにほへと
ちりぬるをわか
よたれ曽つねな
らむう為の於く
やまけふこ江て
あさきゆめみし
恵ひもせすん

これをひらかなといふ

（『絵入智慧の輪』初編上）

曽＝そ
為＝ゐ
於＝お
江＝え
恵＝ゑ

これをひらかなといふ

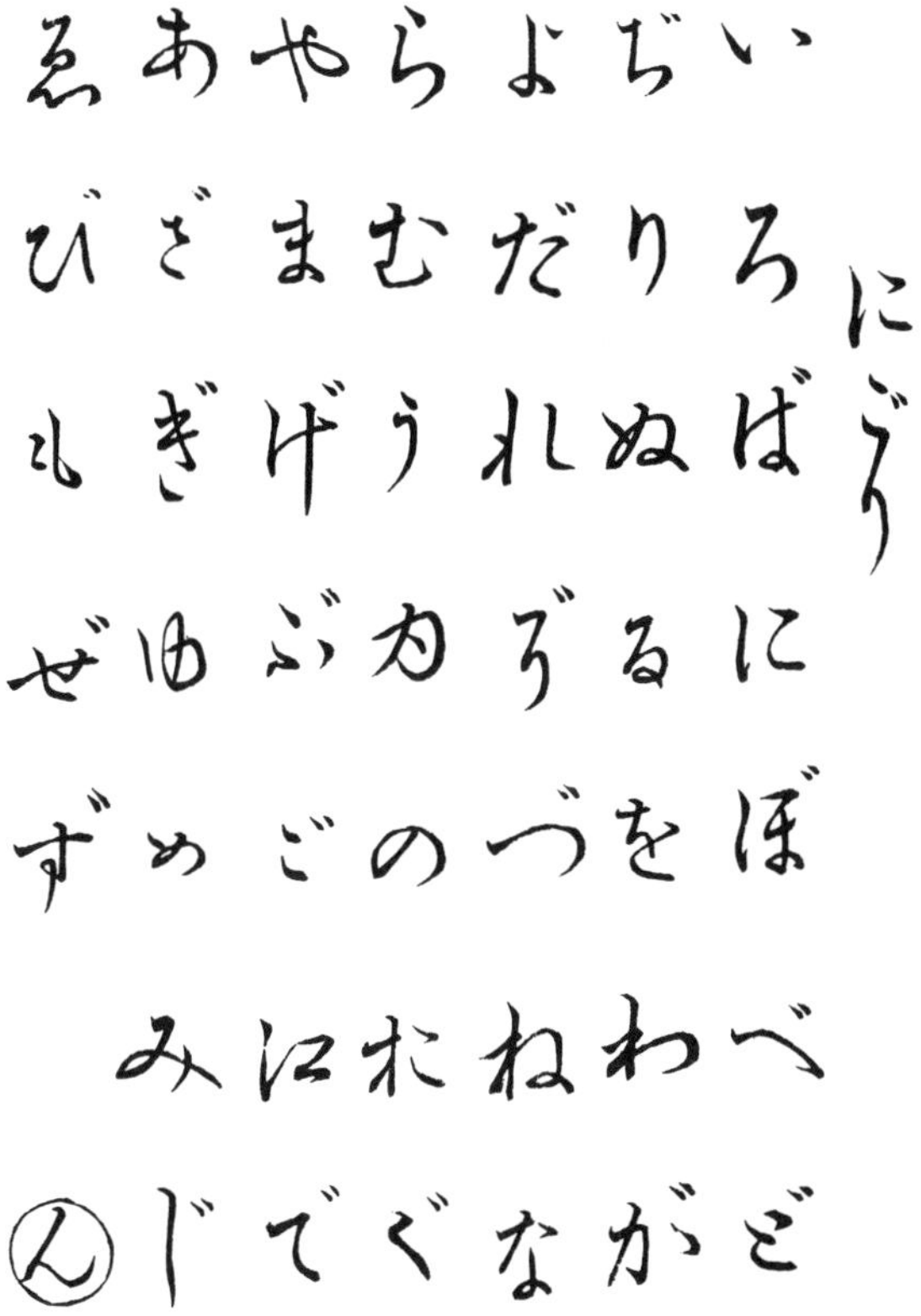

「そ」「ゐ」「お」「え」「ゑ」の字形に注目！

次のいろは圖（図）では、右下の小さい字に注目してください。この字は代表的な「変体仮名」で、江戸時代以前の文書にはよく見られます。それぞれの字母は22頁以降にありますが、まずくずしの字形を何度も見て書いて慣れてください。

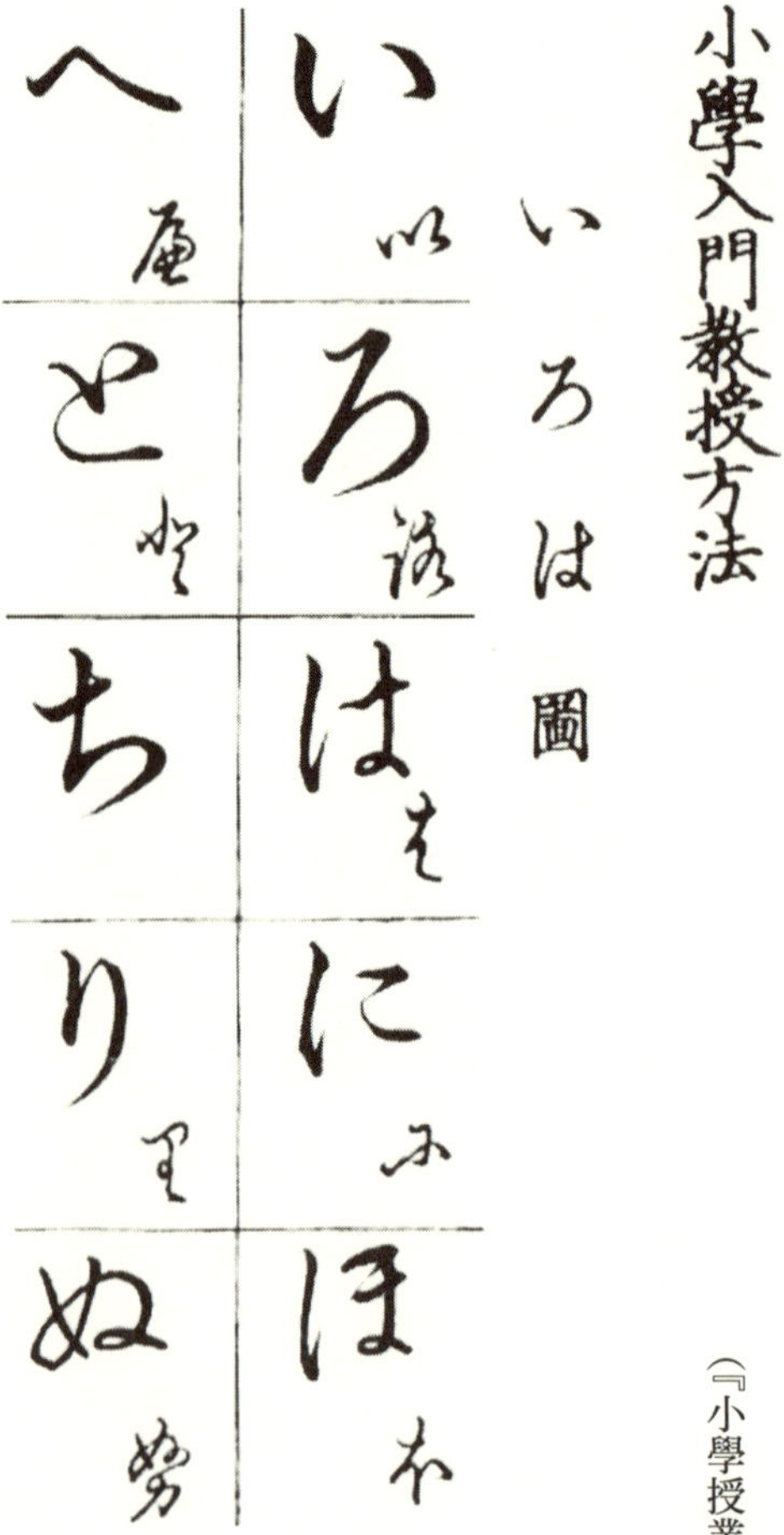

（『小學授業次第』初編）

I　入門編　見慣れないひらがなに注目！

の	な	た	る
れ	ら	れ	を
く	む	ろ	わ
や	う	つ	か
ま	ぬ	ね	よ

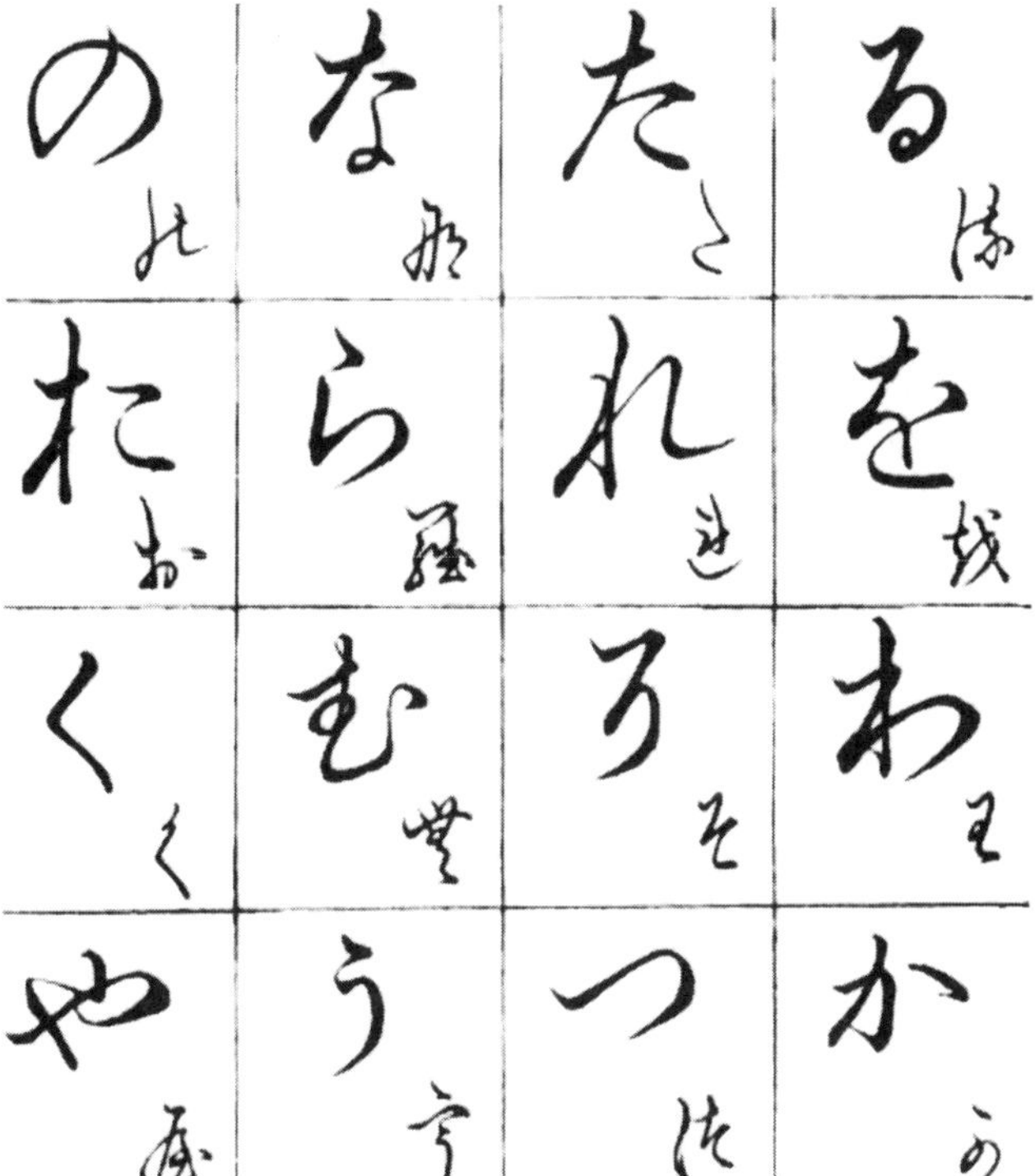

けふこ江て

あさきゆめ

みしゑひも

せす

この一覧表では特に変体仮名に注目してください。

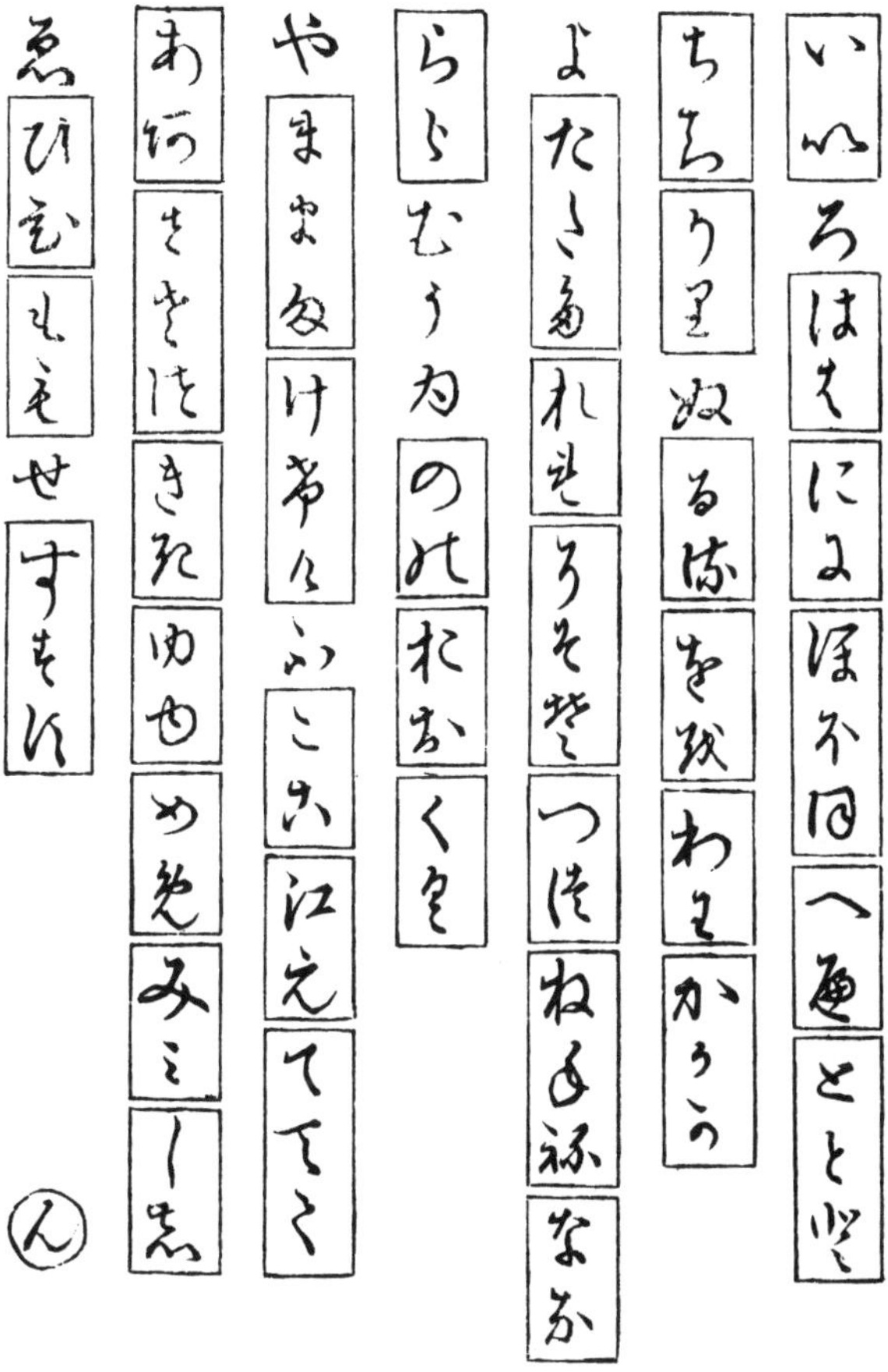

（『小學授業次第』初編）

次の一覧表は、常用的な「ひらがな」と区別して、時々使われるひらがなを「平假(仮)名五十音變(変)体字」と称してまとめてくれているありがたい教材です。

平假名五十音變体字

(『小學授業次第』初編)

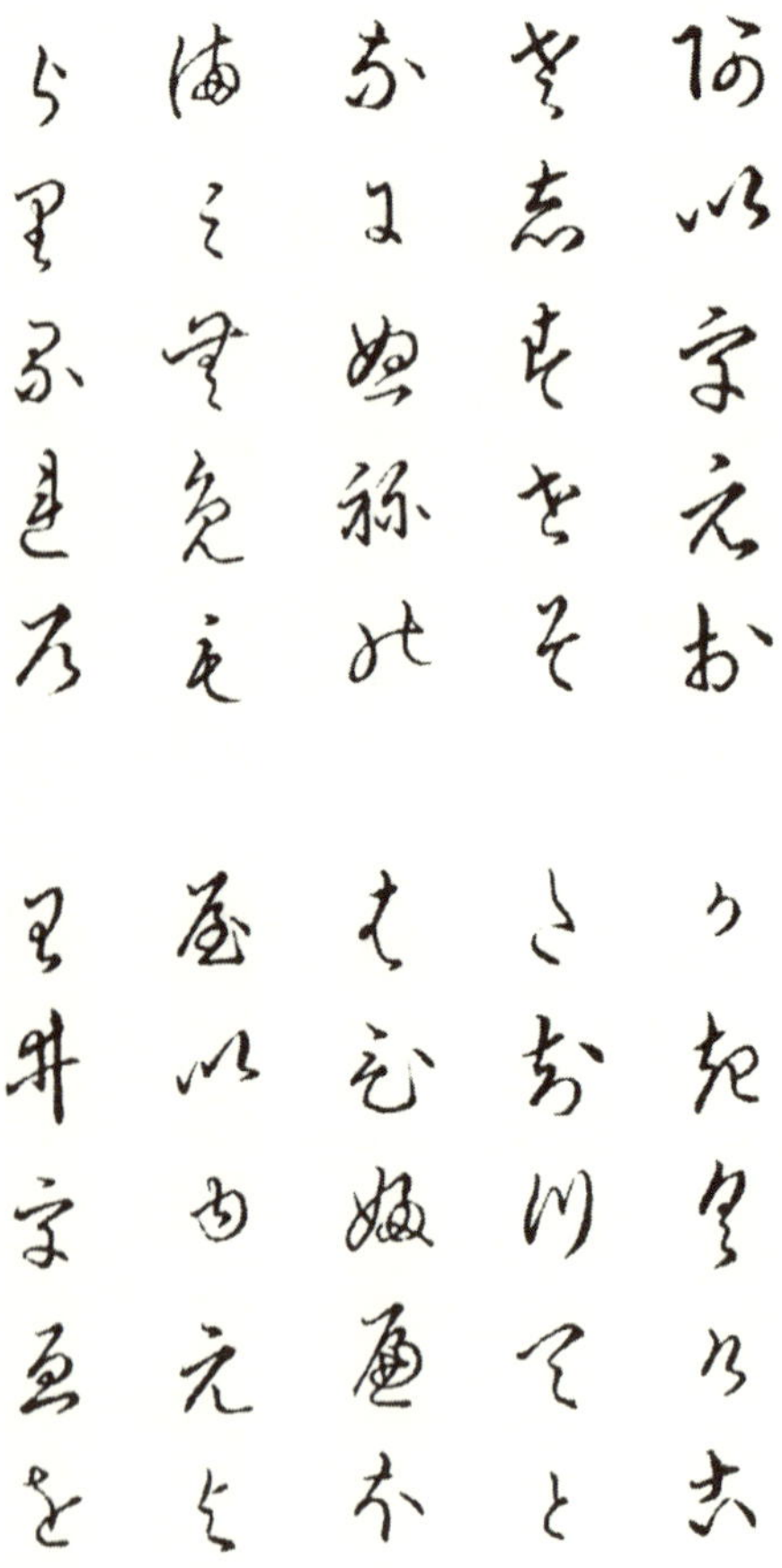

「ひらがな」のまとめ

今まで出てきた「変体仮名」を「あいうえお」順で並べてみました。構成は現代ひらがなと同じ読みの「変体仮名」を挙げ、それぞれの仮名のもとになっている漢字（字母《じぼ》という）も並記しました。

【例】

あ　𛀃

安　阿

「あ」と読むひらがなとしてあ𛀃を挙げています。

左側の漢字は「字母」を示しています。つまりあ𛀃の字母は、「安」と「阿」となります。

あ阿い以う宇え江お於

か可閑き起く久具

け希遣気こ古

さ佐散し志す寿須せ世勢

そ曽楚

左側のもとになっている漢字＝字母をヒントに字形をマスターしましょう。

あ	安
	阿
い	以
	以
う	宇
	宇
え	衣
	江
お	於
	於
か	加
	可
	可
き	幾
	起
く	久
	久
	具
け	計
	希
	介
	遣
こ	己
	古
さ	左
	左
	佐
し	之
	志
す	寸
	春
	須
せ	世
	世
	勢
そ	曽
	曽
	楚

たたたちちつつつつ

てててとと

なななにににぬぬぬねねねのの

ははひひふふへへほほほ

た　ち　つ　て　と

太　多　多　知　知　知　川　川　徒　天　天　亭　止　登

な　に　ぬ　ね　の

奈　奈　那　仁　尓　尓　奴　怒　努　祢　年　祢　乃　能

は　ひ　ふ　へ　ほ

波　者　比　飛　不　婦　部　遍　保　保　本

ま 満末万 み三 む無 め免 も毛

や 屋 ゆ由 よ与

ら 良羅 り里 る留流 れ連 ろ呂路

わ 王 ゐ為井 ゑ恵 を越

ま	末
	満
	満
	万
み	美
	三
む	武
	無
め	女
	免
も	毛
	毛
や	也
	屋
ゆ	由
	由
よ	与
	与
ら	良
	良
	羅
り	利
	里
る	留
	累
	流
れ	礼
	連
ろ	呂
	呂
	路
わ	和
	王
ゐ	為
	為
	井
ゑ	恵
	恵
を	遠
	越

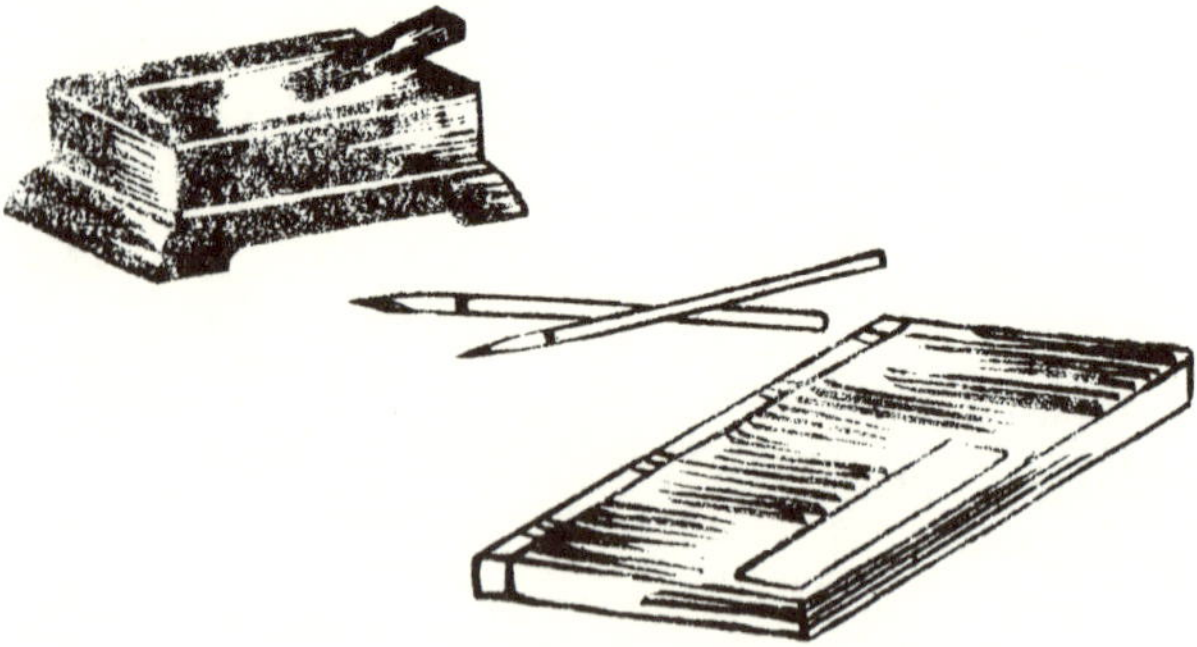

文《ぶん》房《ぼう》四《し》宝《ほう》

古代中国で、書斎で書画に用いる用具を文房と称した。そのうち特に大切な筆、硯、紙、墨を文房四宝と呼ぶ。

Ⅱ　初級編

漢字の表記について

初級編から中級編では、現代の教育漢字などと違う字体が使われています。解読では、そのままの漢字の字体のあとに（　）で新字体の漢字を入れています。本書はひらがなの解読を重視していますので、旧字体等の漢字はあくまでも参考としてご覧ください。

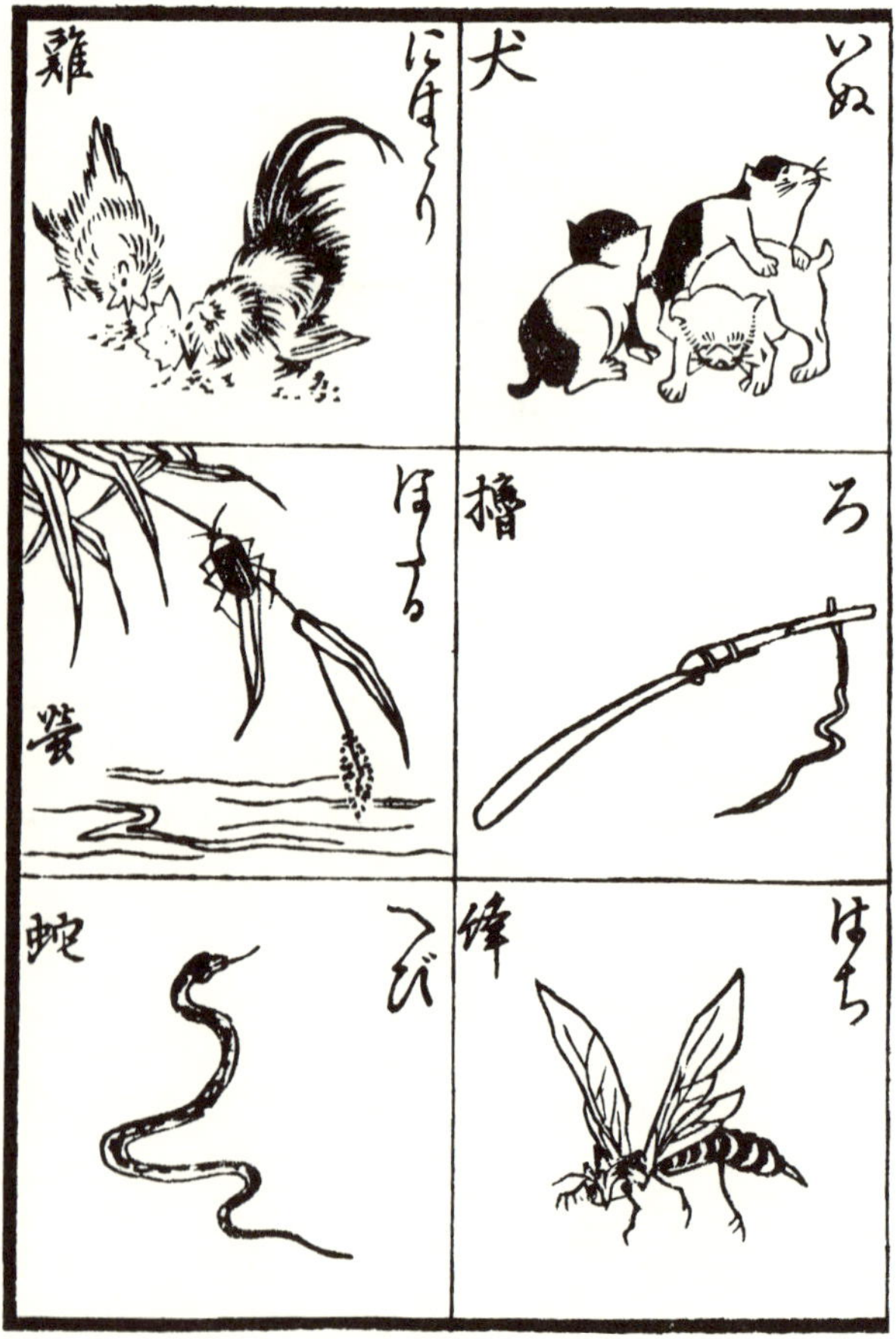

(『絵入智慧の輪』初編上)

にはとり　雞(鶏)　　いぬ　犬
ほたる　螢(蛍)　　ろ　櫓
へび　蛇　　はち　蜂

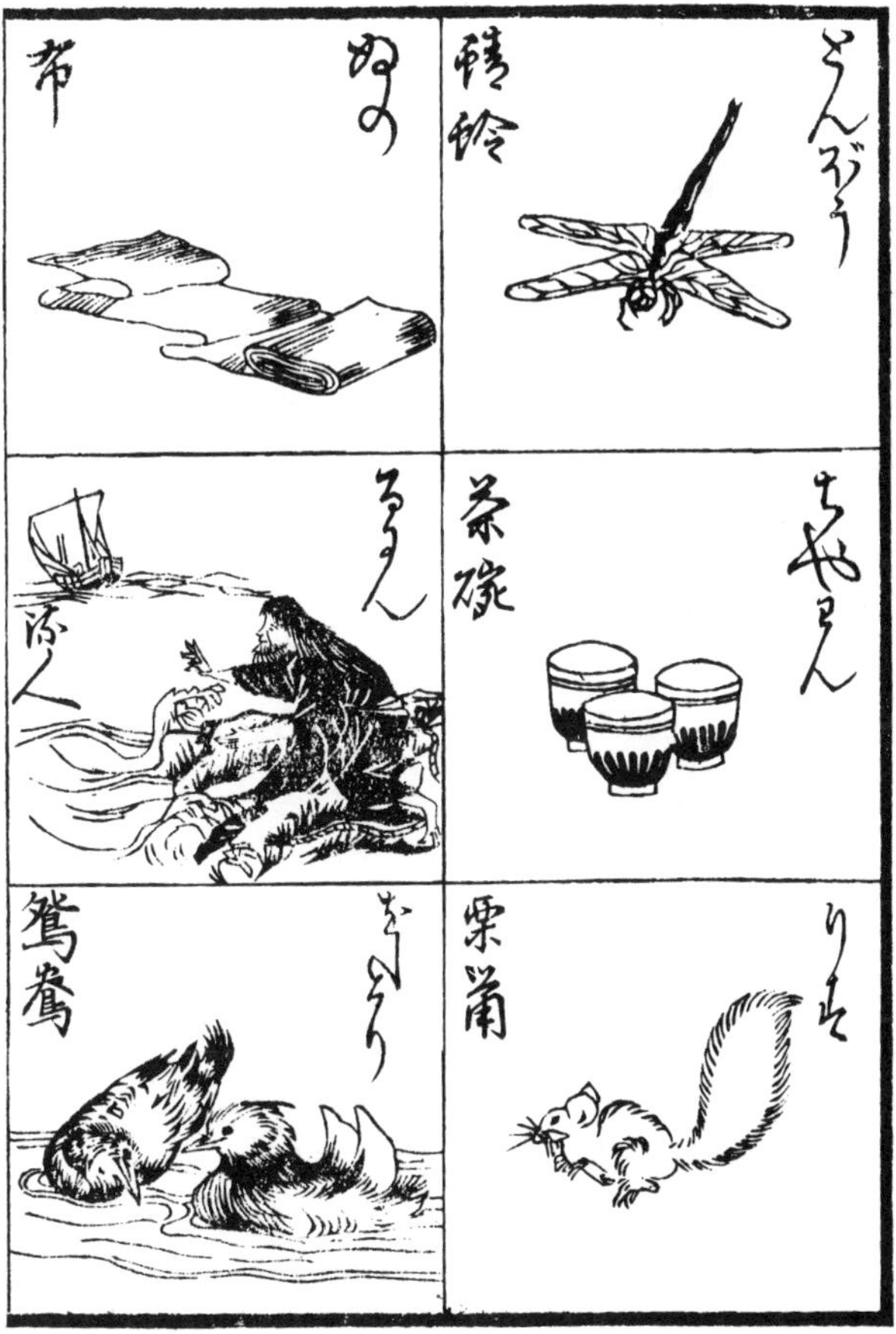

ぬの　布　　　とんぼう　蜻蛉

るにん　流人　　　ちやわん　茶碗

をしとり　鴛鴦　　　りす　栗鼠

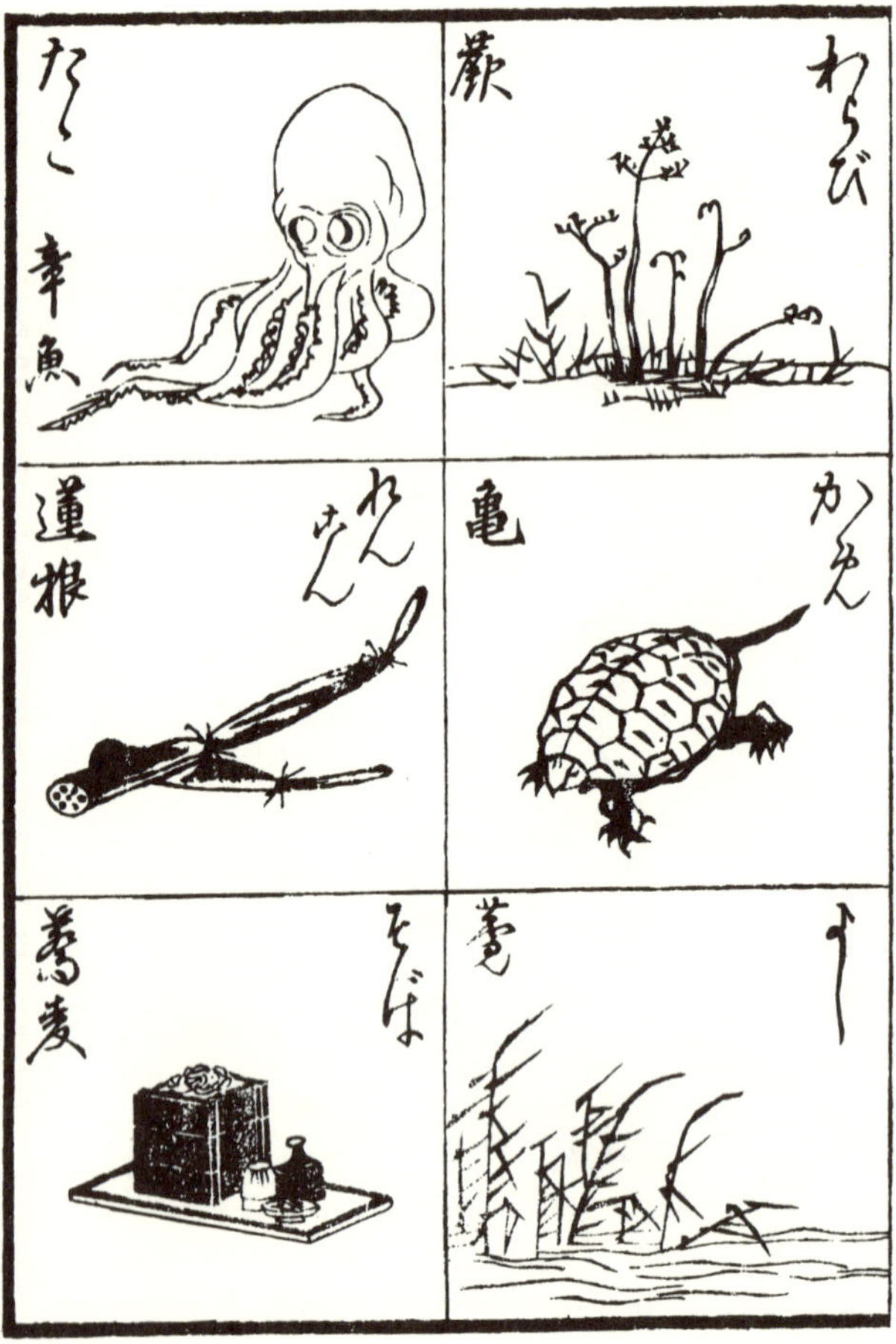

たこ　章魚　　　わらび　蕨

れんこん　蓮根　　　かめ　亀

そば　蕎麦　　　よし　蘆

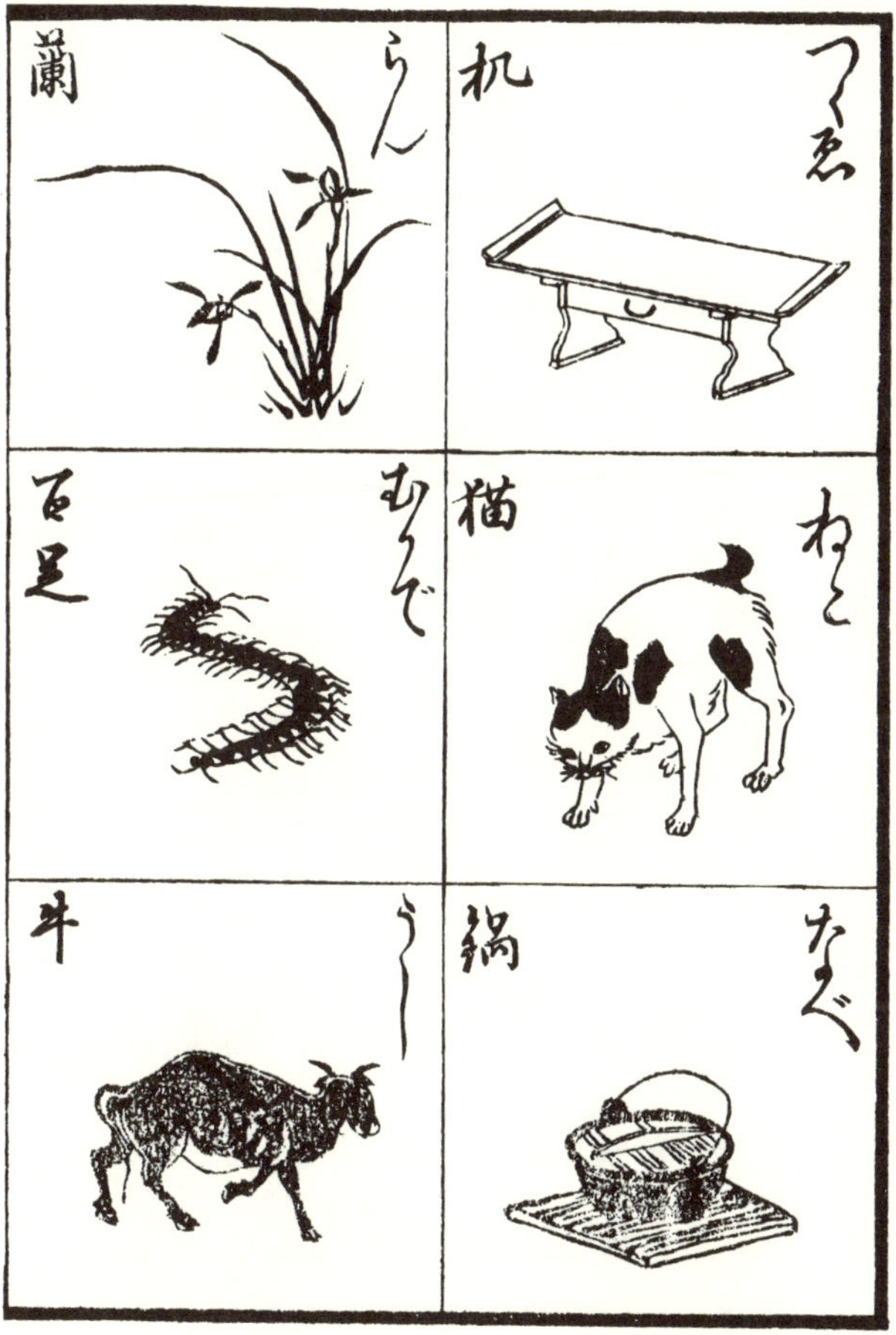

らん　蘭

むかで　百足

うし　牛

つくゑ　机

ねこ　猫

なべ　鍋

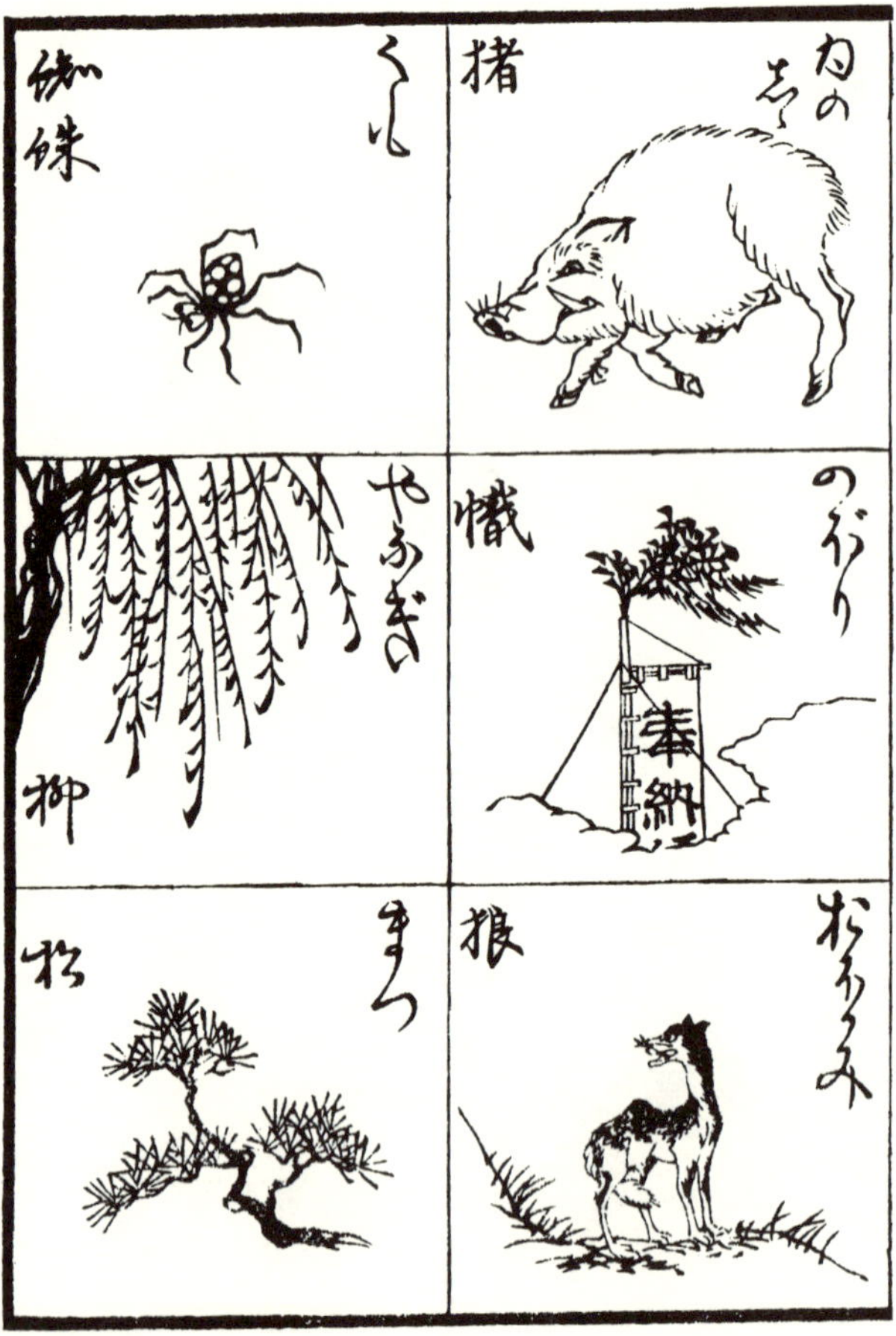

くも　蜘蛛　　　　ゐのしゝ　猪
やなぎ　柳　　　　のぼり　幟
まつ　松　　　　　おほかみ　狼

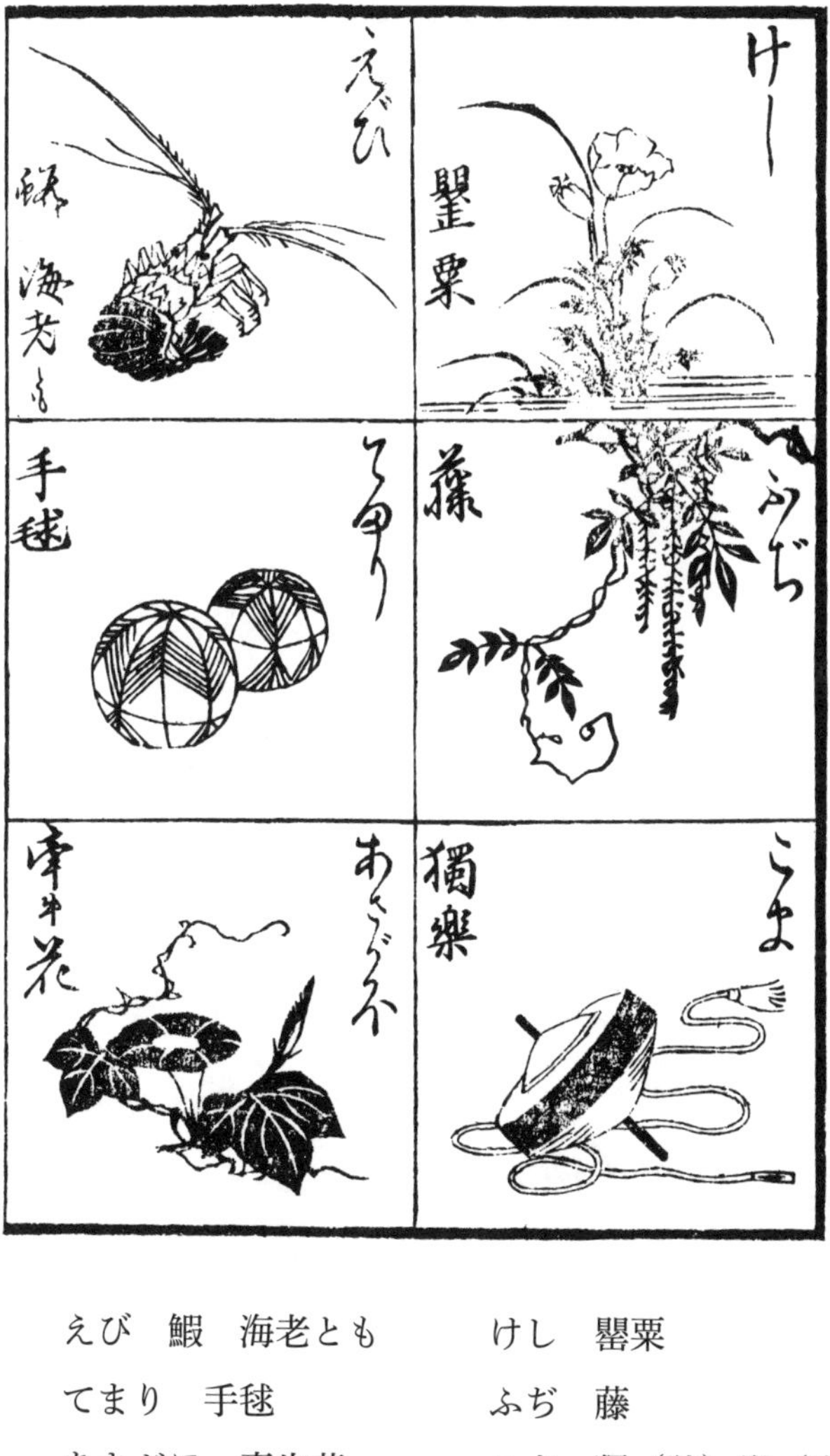

えび　鰕　海老とも　　けし　罌粟

てまり　手毬　　ふぢ　藤

あさがほ　牽牛花　　こま　獨（独）樂（楽）

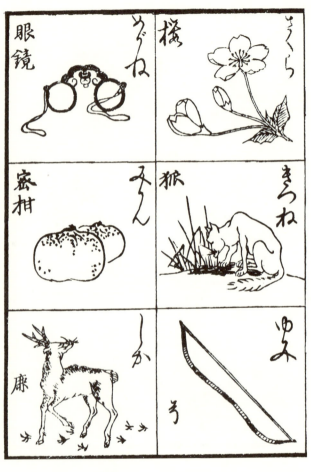

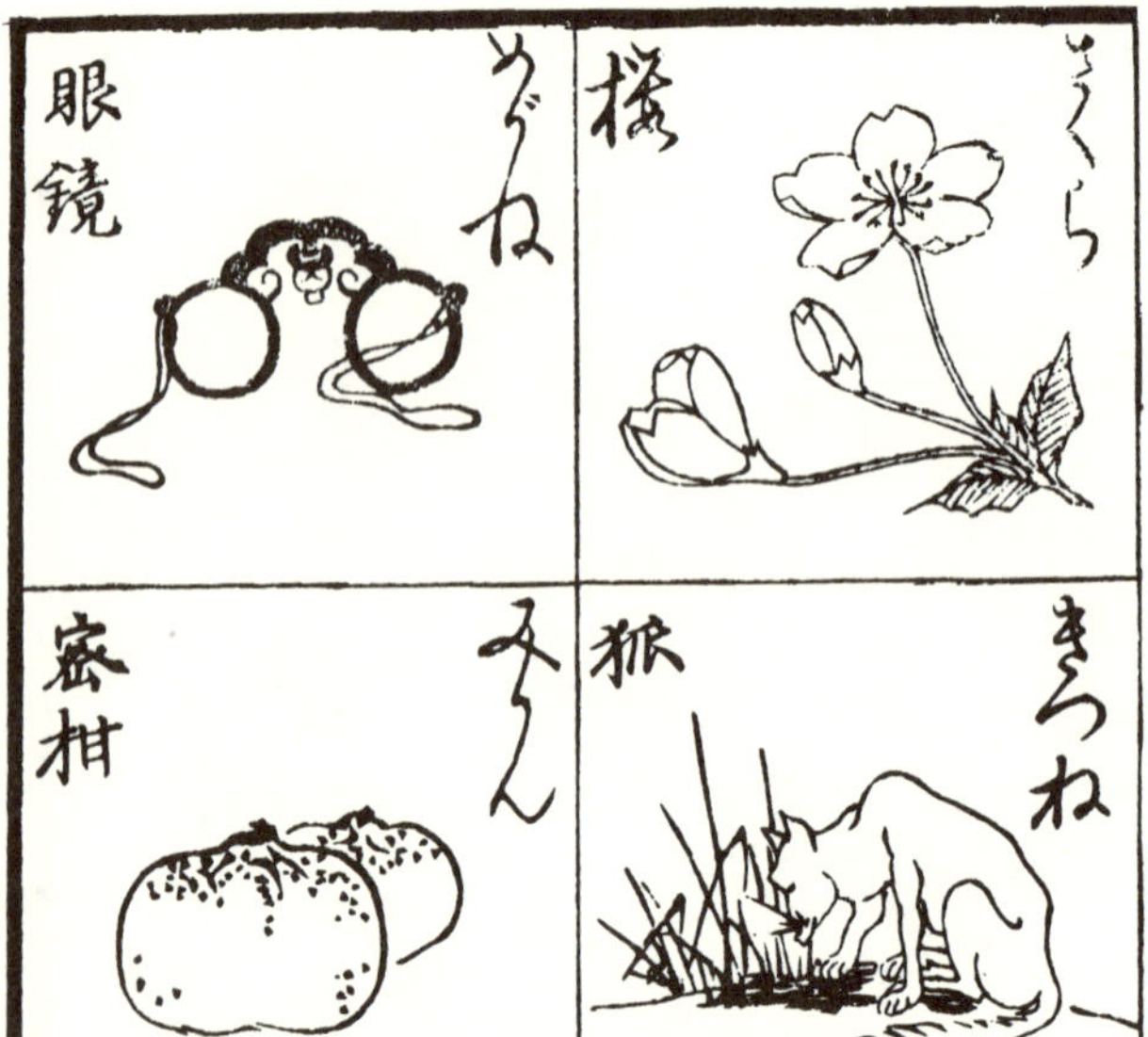

めがね　眼鏡　　　　さくら　桜
みかん　密柑　　　　きつね　狐
しか　鹿　　　　ゆみ　弓

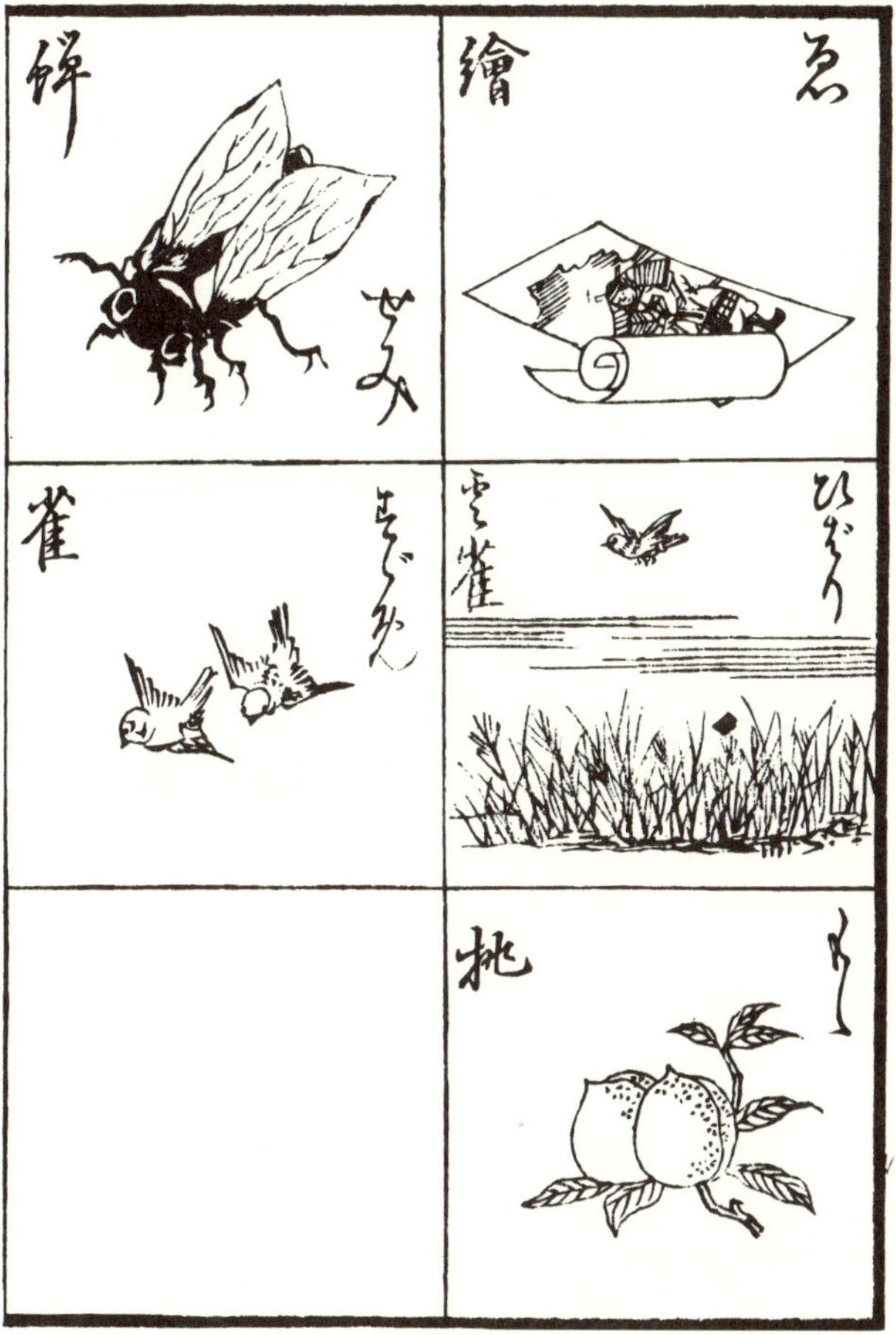

せみ　蟬
すゞめ　雀

ゑ　繪（絵）
ひばり　雲雀
もゝ　桃

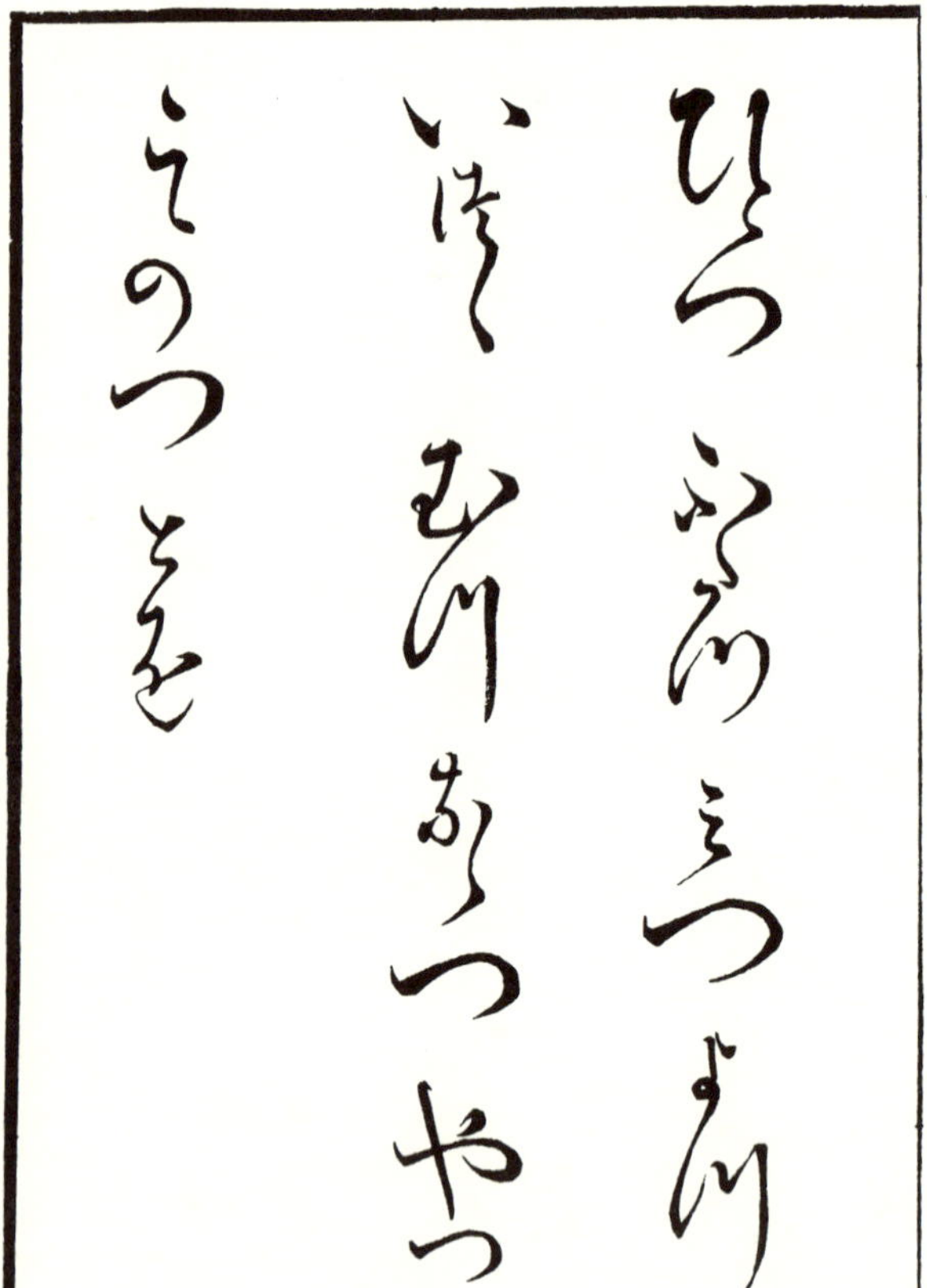

ひとつ　ふたつ　みつ　よつ

いつゝ　むつ　なゝつ　やつ

こゝのつ　とを

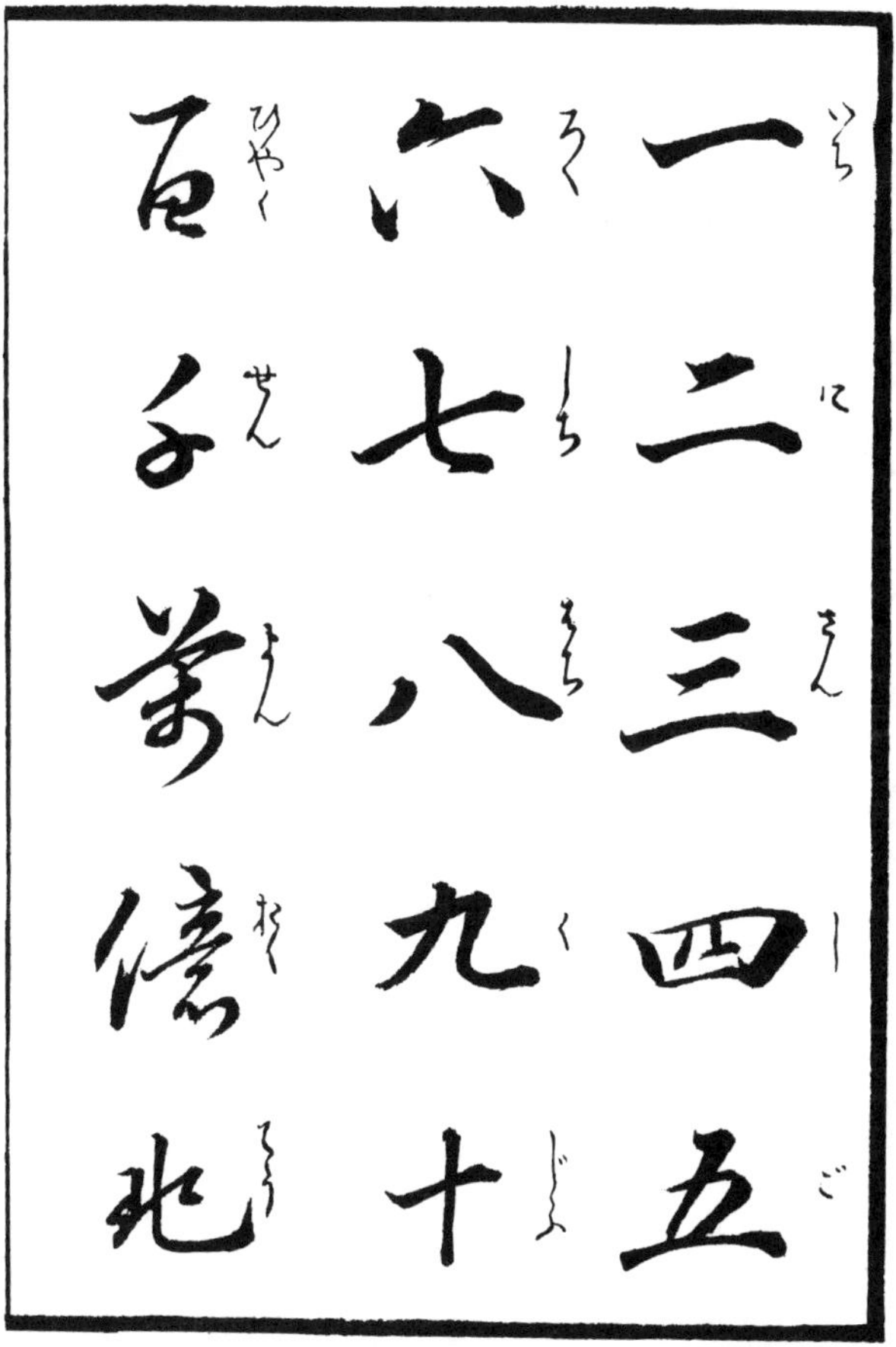

一《いち》　二《に》　三《さん》　四《し》　五《ご》

六《ろく》　七《しち》　八《はち》　九《く》　十《じふ》

百《ひやく》　千《せん》　萬《まん》（万）　億《おく》　兆《てう》

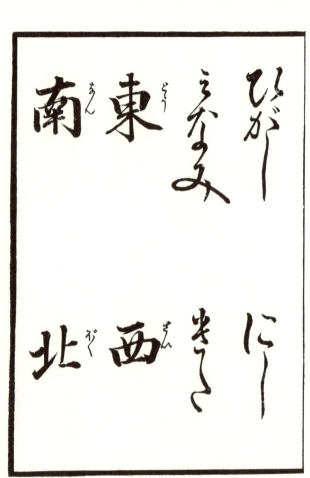

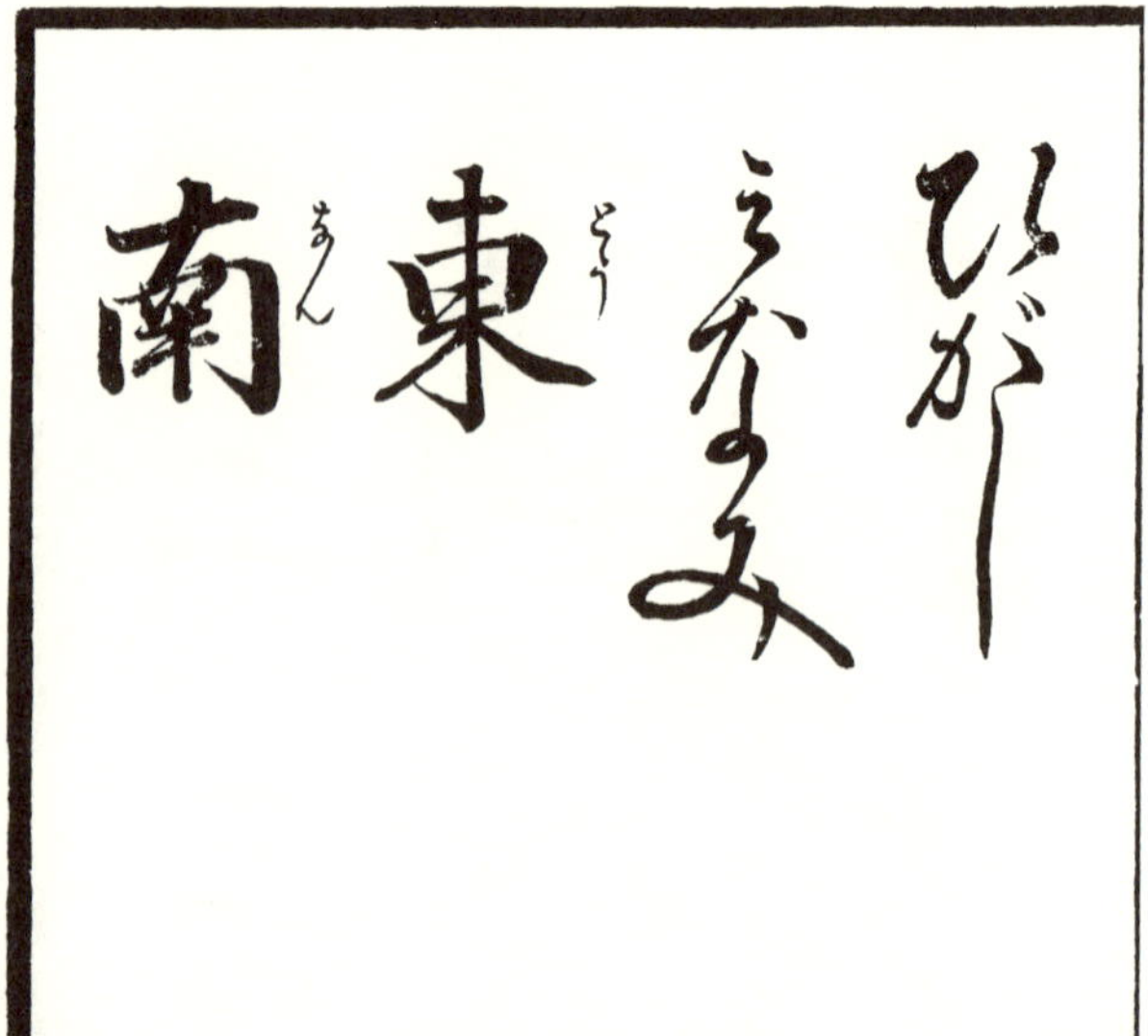

ひがし　にし

みなみ　きた

東《とう》　西《ざい》

南《なん》　北《ぼく》

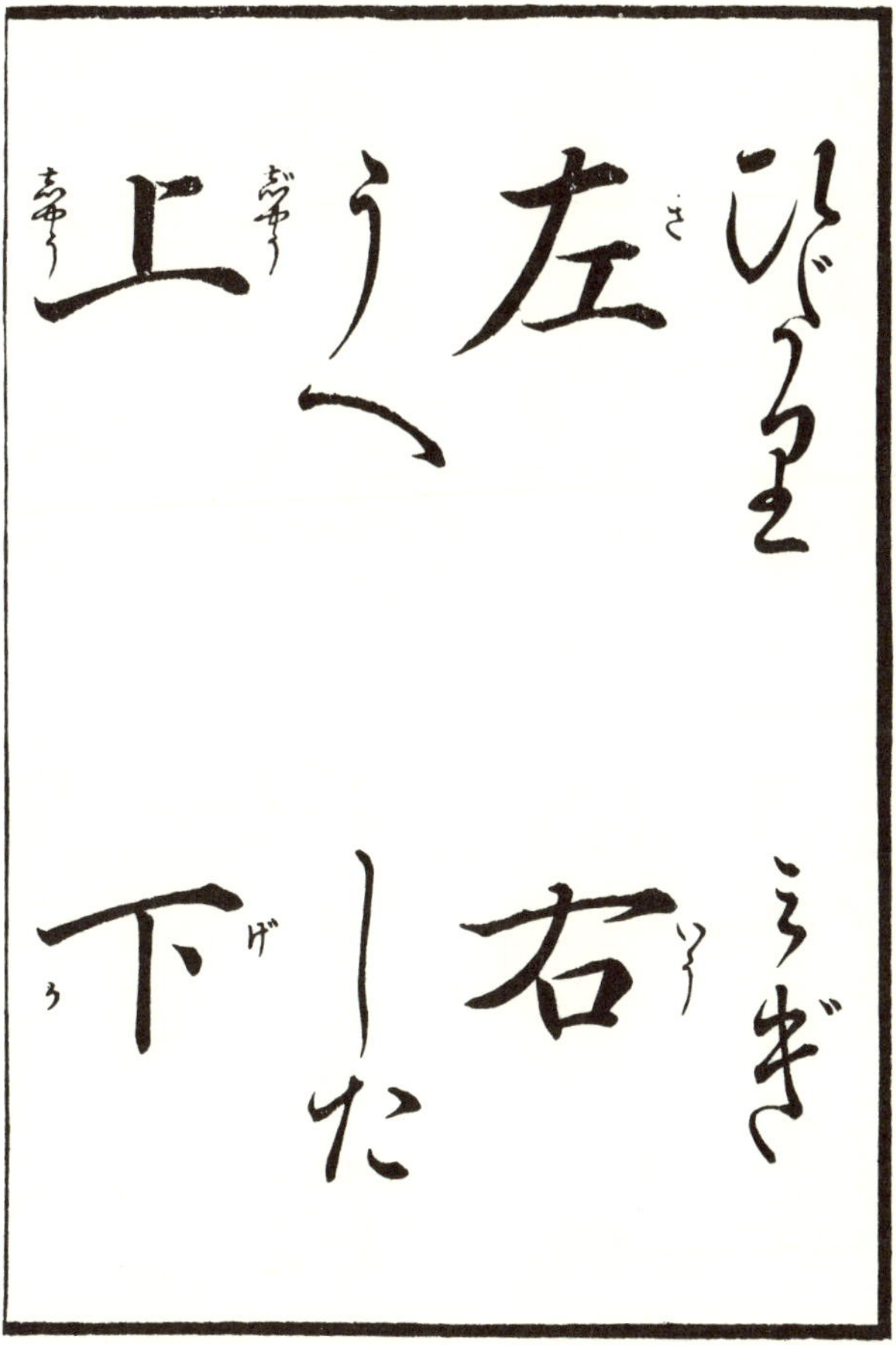

ひだり　左《さ》　うへ　上《じやう》《しやう》

みぎ　右《いう》　した　下《げ》《か》

草木《さうもく》　くさき　　天地《てんち》　あめつち

父母《ふぼ》　ちゝはゝ　　日月《じつげつ》　ひつき

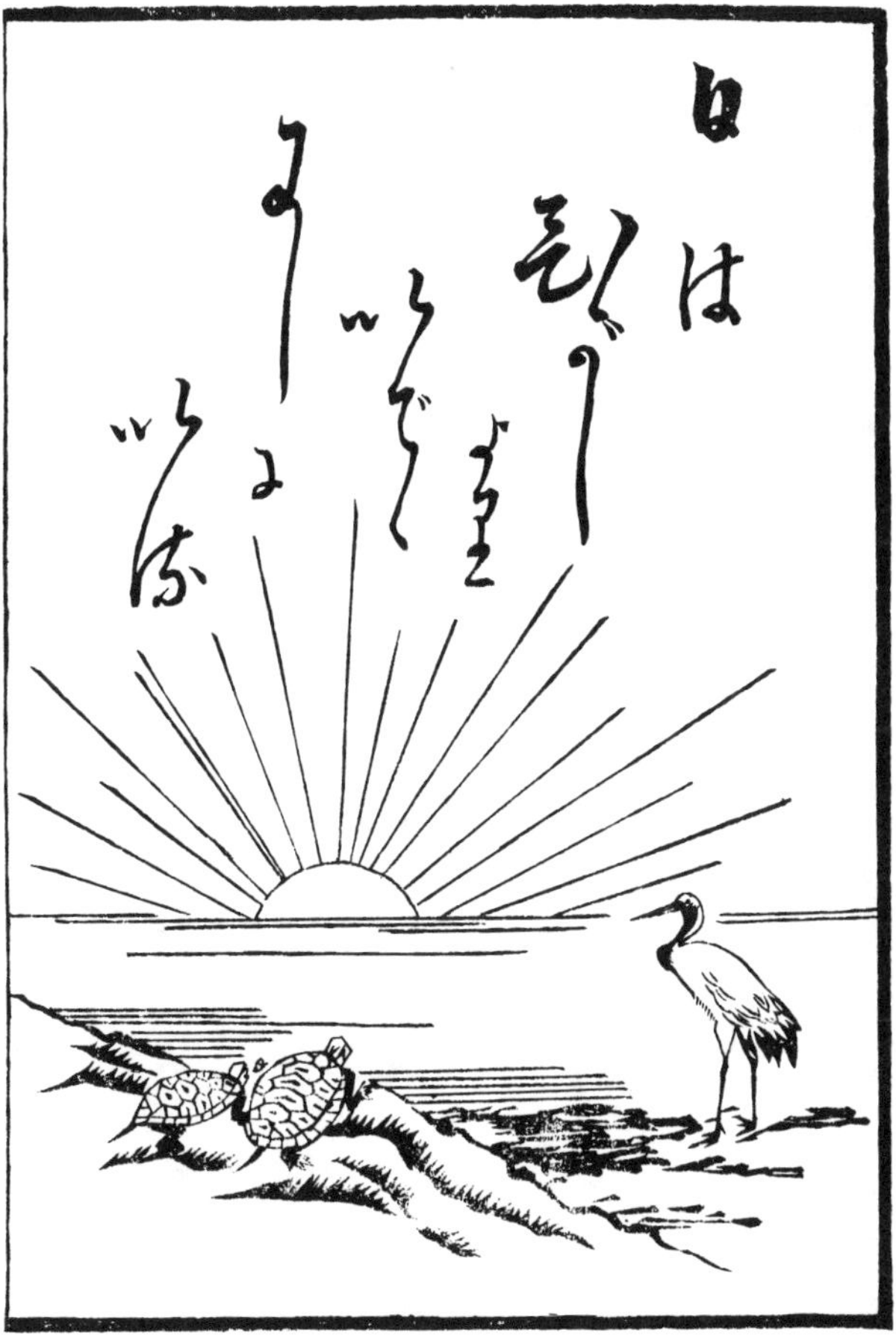

日は　ひがし　より

いでゝ　にしに　いる

日のいつるかたにむかひ
左をゆびざせばきた
右をゆびざせばみなみ
なり

日のいつるかたにむかひ
左をゆびざせばきた
右をゆびざせば　みなみなり

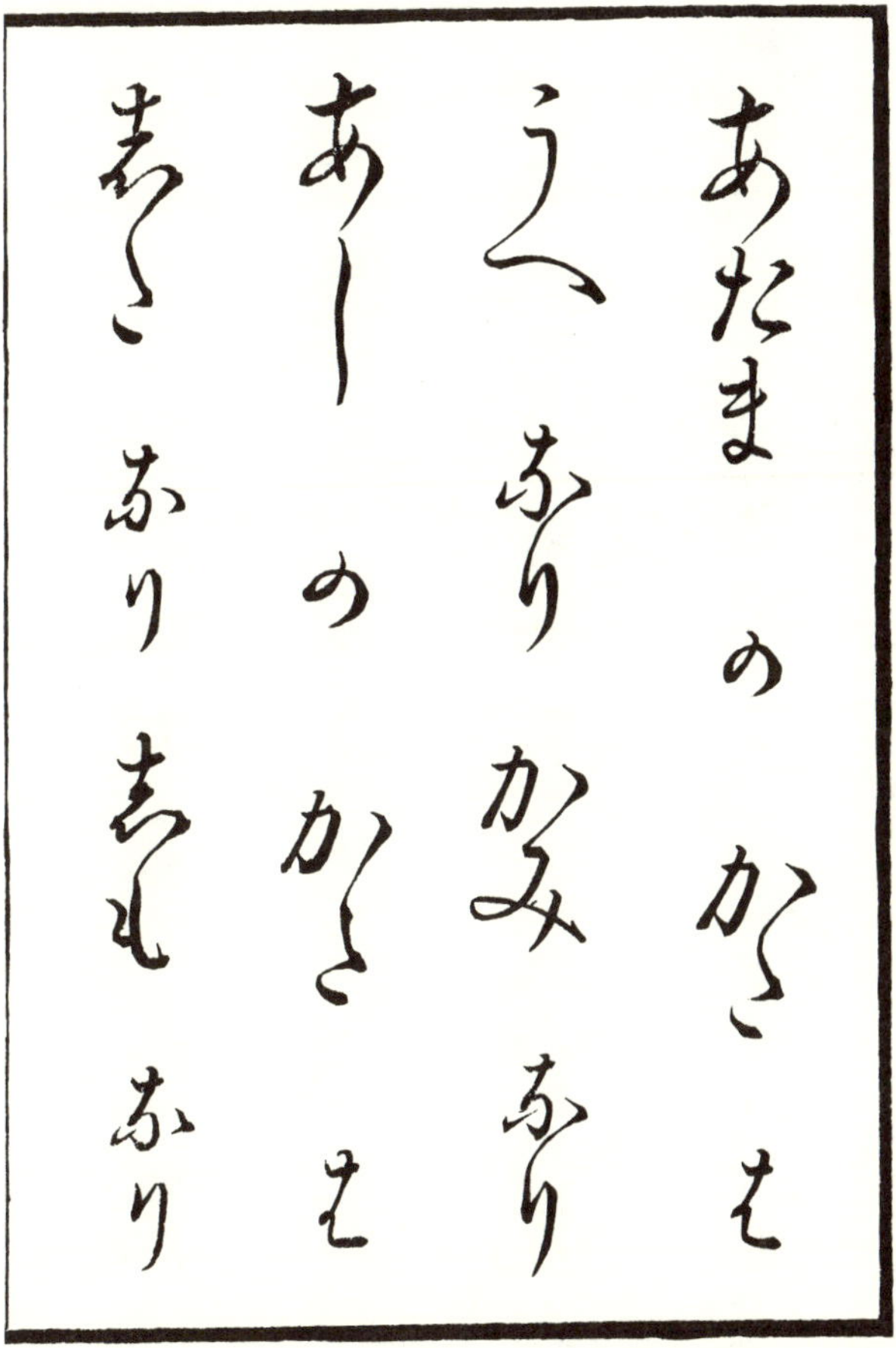

あたまのかたはうへなり　かみなり

あしのかたはしたなり　しもなり

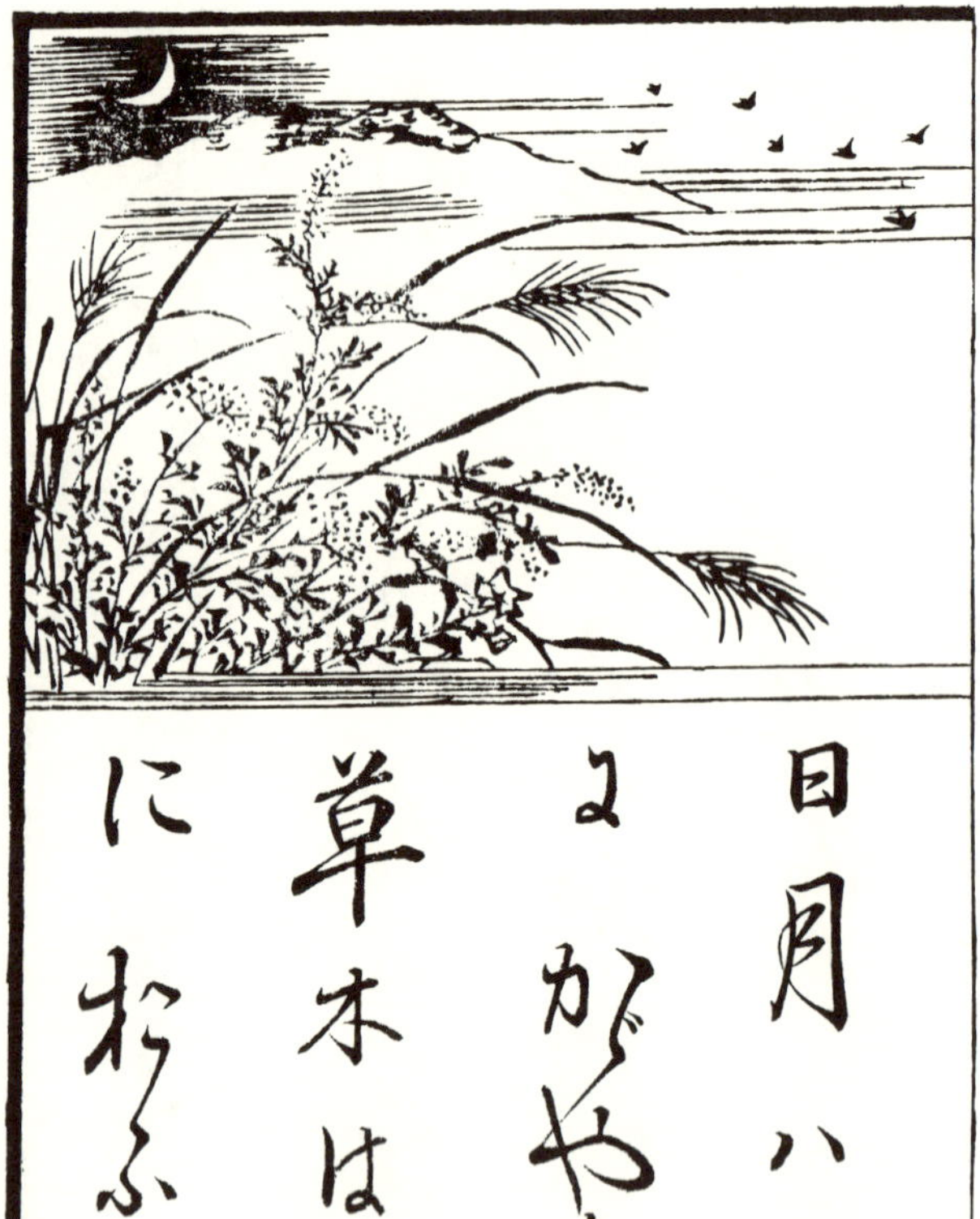

日月は　天　に　かゞやき

草木は　地　に　おふ

＊おふ＝生ふ

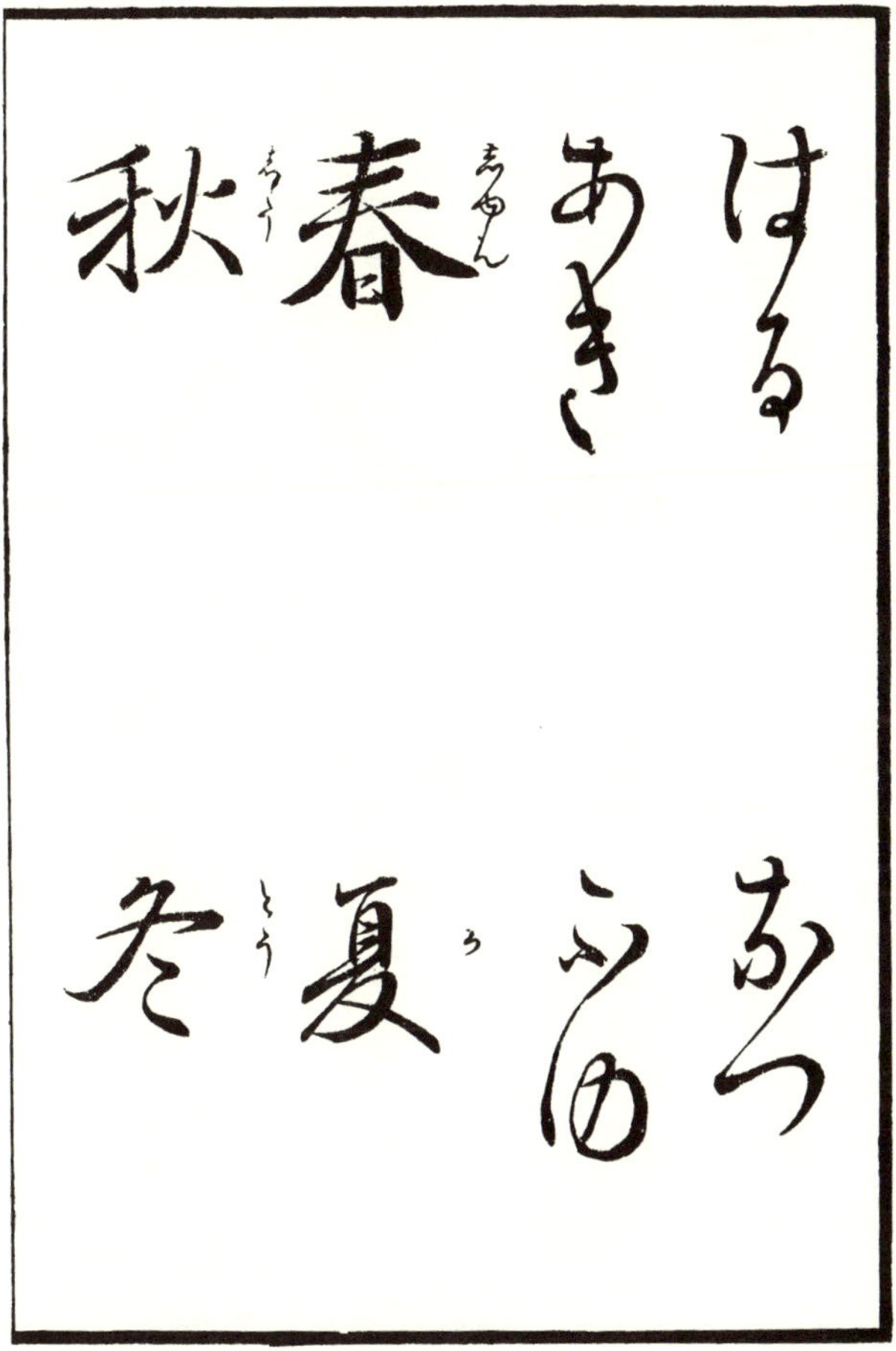

秋《しう》　春《しゆん》　あき　はる
冬《とう》　夏《か》　ふゆ　なつ

大《たい》 小《せう》

うるふ 閏《じゅん》

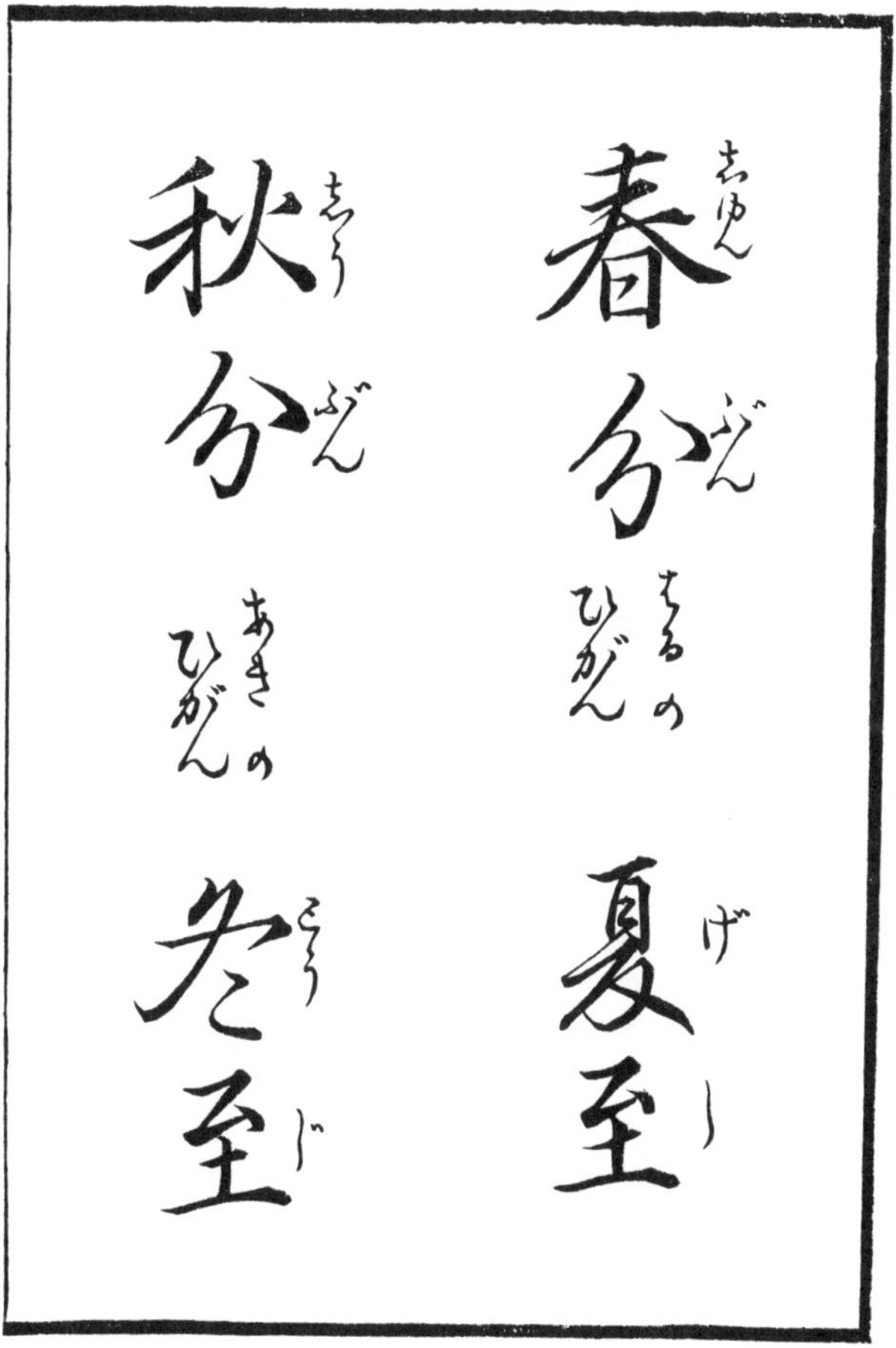

秋分《しうぶん》　あきのひがん　　春分《しゅんぶん》　はるのひがん

冬至《とうじ》　　夏至《げし》

コラム

旧暦の閏月《うるう》について

日本が旧暦から新暦に切り替えたのは、明治五年十二月三日で、この日を明治六年正月一日として新暦がはじまります。

新暦では、四年に一度、閏年がありますが、旧暦では、閏月というのがありました。これは十九年に七回、一年が十三カ月になり、その年は、閏月が設定されます。たとえば五月の次に閏五月（後五月ともいう）がくるというものです。

旧暦では一カ月が三十日の大の月、二十九日の小の月の二種類だけで、月末が三十一日になる月はありません。そして、大の月、小の月それぞれ六カ月ずつと決まっていたので、普通の年は30×6＋29×6で三五四日しかありませんでした。そのため十九年に七回、一年が十三カ月になるように閏月を設けることで、一年がほぼ三六五日になるように調整したのです。

なお「閏」は略して「壬」とくずされる場合もあるので注意してください。江戸時代以前の文書には「閏○月」「壬○月」「後○月」というように出てくるのでおぼえておきましょう。

【例】

丑閏七月

＊丑《うし》の年の閏七月という意味になります。

コラム

旧暦の春夏秋冬

旧暦では年の初めの一月は春の最初の月でした。ですから旧暦では一月・二月・三月は春、四月・五月・六月は夏、七月・八月・九月は秋、十月・十一月・十二月は冬ということになります。年賀状で「新春明けましておめでとうございます」と書くのは、実は正月がまさに新春だったからで、これは旧暦の表現になるわけです。

月の名前にはいろいろな言い方がありますが、代表的な異称も押さえておきましょう。

一月＝睦月（むつき）　二月＝如月（きさらぎ）　三月＝弥生（やよい）
四月＝卯月（うづき）　五月＝皐月（さつき）　六月＝水無月（みなづき）
七月＝文月（ふづき・ふみつき）　八月＝葉月（はづき）　九月＝長月（ながつき）

十月＝神無月（かんなづき）　十一月＝霜月（しもつき）　十二月＝師走（しわす）

この中で、六月が水無月になっていますが、新暦なら梅雨時で雨ばかり降っている頃ですが、旧暦の六月は梅雨が明けてぜんぜん雨が降らない時だったので、水無月と呼んだのです。旧暦の日付は新暦で換算するとだいたい三〇日から四〇日くらいあとだと認識しておいてください。

【参考】四季のくずし字

春

夏

秋

冬

絵入り教材

（『絵入智慧の輪』初編下）

そろばん　十露盤

のし　みづひき

いと　絲（糸）

はり　針

ふで　筆

うさぎ　兎

すいせん　水仙

すみ　墨

とび　鳶

からす　鴉

きつね　狐

かいだう　海棠

など の ごとき ありふれたる もの
なを しらざる は なし
されど ことば も まさに なる ことを しる
ひとぞ まれなる
いざ ことば の ねを たづねせん

やま　かは　海《うみ》　嶋《しま》
山　川　舩《ふね》（船）
などのごとき　ありふれたるものゝ
なをしらざるはなし
されど　ことばにも　また　な　あることを　しれる
ひとぞ　いと　まれなる
いざ　ことばのなを　ときしらせん

おとつさん　の　こと　は　ちゝ
おつかさん　の　こと　ハ　はゝ
おとつさん　おつかさん　の　こと　ハ　ちゝはゝ　または
ふたおや　または　父母《ふぼ》　または
両親《りやうしん》
りやくし　の　ふたおや
りやうじ　父母
りやくし　の　両親

おとゝさまのことはちゝ
おかゝさまのことははゝ
おとゝとま　おかゝさまのことはちゝはゝ　または
ふたおや　または父《ふ》母《ぼ》　または
両親《りやうしん》
わたくしのふたおや
わが父母
わたくしの両親

三文字と四文字の言葉

三綴之語

あんず　杏
いかだ　筏
うなぎ　鰻
えもん　衣紋
おもと　萬年青
かすみ　霞
きうり　胡瓜
くるま　車
けぬき　鑷
こども　兒童
さくら　櫻
しばゐ　芝居
すゞめ　雀
せかい　世界
そてつ　鐵蕉
たんす　箪笥

（『小學授業次第』初編）

三綴《さんつづり》之語

あんず　杏　　いかだ　筏　　うなぎ　鰻　　えもん　衣紋
おもと　萬（万）年青　　かすみ　霞　　きうり　胡瓜　　くるま　車
けめき　鑷　　こども　児童　　さくら　櫻（桜）　　しばゐ　芝居
すゞめ　雀　　せかい　世界　　そてつ　鐵（鉄）蕉　　たんす　簞（箪）笥

おもと　万年青　ユリ科の多年草
けめき＝けぬき　鑷
そてつ　鉄蕉はソテツの異名　ソテツ科の常緑低木

ちまき 粽

つくゑ 机

てをけ 手桶

とくり 徳利

なまこ 海鼠

にかい 二階

ぬかご 零餘子

ねいも 根芋

のぼり 幟

はなび 烟火

ひつじ 羊

ふとん 蒲團

へちま 絲瓜

ぼたん 牡丹

まちや 町屋

みかん 蜜柑

むすめ 娘

めがね 眼鏡

もめん 木綿

やなぎ 柳

ちまき　粽　つくゑ　机　ておけ　手桶　とくり　徳利

なまこ　海鼠　にかい　二階　ぬかご　零餘（余）子　ねいも　根芋

のぼり　幟　はなび　烟火　ひつじ　羊　ふとん　蒲團（団）

へちま　絲（糸）瓜　ぼたん　牡丹　まちや　町屋　みかん　蜜柑

むすめ　娘　めがね　眼鏡　もめん　木綿　やなぎ　柳

ぬかご　零余子　むかごに同じ　葉の付け根にできる、多肉で球状の芽

はなび　烟火　烟は煙と同字　花火は煙火とも書く

へちま　糸爪

いたち 鼬
ゆどの 湯殿
えぼし 烏帽子
よもぎ 蓬

らそつ 邏卒
りんご 林檎
るにん 流人
れんげ 蓮花

ろくろ 轆轤
わかな 若菜
ゐなか 田舎
うさぎ 兎

ゑのぐ 繪具
をとめ 少女

いたち　鼬
ゆどの　湯殿
えぼし　烏帽子
よもぎ　蓬

らそつ　邏卒
りんご　林禽（檎）
るにん　流人
れんげ　蓮花

ろくろ　轆轤
わかな　若菜
ゐなか　田舎
うさぎ　兎

ゑのぐ　繪（絵）具
をとめ　少女

らそつ　邏卒　明治時代の警察官のこと
ろくろ　轆轤　回転運動をする機械

四綴之語

あんどん 行燈	いしがき 石垣	うのはな 卯花	えりまき 衿巻
おんがく 音樂	からかさ 傘	ぎんなん 銀杏	くねんぼ 乳柑子
けんだい 見臺	こがたな 小刀	さかづき 盃	しらさぎ 白鷺
すゐせん 水仙	せきひつ 石筆	そらまめ 蠶豆	だいこん 大根
ちりめん 縮緬	つりばり 鉤	てつびん 鐵瓶	ともしび 燈火

四綴《よんつづり》之語

あんどん　行燈(灯)　いしがき　石垣　うのはな　卯花　えりまき　衿巻
おんがく　音樂(楽)　からかさ　傘　ぎんなん　銀杏　くねんほ　乳柑子
けんだい　見臺(台)　こがたな　小刀　さかづき　盃　しらさぎ　白鷺
すゐせん　水仙　せきひつ　石筆　そらまめ　蠶(蚕)豆　だいこん　大根
ちりめん　縮緬　つりばり　鉤　てつびん　鐵(鉄)瓶　ともしび　燈(灯)火

くねんほ　くねんぼ　九年母　乳柑子と書くのはまれである　ミカン科の常緑低木
そらまめ　蚕豆　蠶は豆の俗字

なでしこ 瞿麥	のこぎり 鋸	べにばけ 胭脂筆	むくろじ 菩提子	いとまき 絲卷
にんじん 胡蘿蔔	はやぶさ 隼	ほたるび 螢火	めしびつ 飯櫃	ゆづりは 讓葉
ぬりいた 塗板	ひろぶた 廣蓋	まないた 俎	ももひき 股引	えだまめ 枝豆
ねりぎぬ 練絹	ふろしき 風呂鋪	みづがめ 水瓶	やまぶき 山吹	よこぶえ 横笛

なでしこ　瞿麥（麦）　にんじん　胡蘿蔔　ぬりいた　塗板　ねりぎぬ　練絹
のこぎり　鋸　はやぶさ　隼　ひろぶた　廣（広）蓋　ふろしき　風呂鋪
べにだけ　胭脂簟　ほたるび　螢（蛍）火　まないた　俎　みづがめ　水瓶
むくろじ　菩提子　めしびつ　飯櫃　もゝひき　股引　やまぶき　山吹
いとまき　絲（糸）巻　ゆづりは　譲葉　えだまめ　枝豆　よこぶえ　横笛

なでしこ　撫子のこと　瞿麥とも書く　瞿麦　ナデシコ科の多年草
にんじん　人参のこと　胡蘿蔔とも書く
べにだけ　胭脂簟　簟→たけ＝竹　紅茸のことか
むくろじ　菩提子　菩提樹の実のこと　菩提樹はムクロジ（無患子）科の落葉高木

らんかん 欄杆

りゅうもん 龍紋

るりいろ 瑠璃色

れんこん 蓮根

ろくけん 禄券

わかもの 若者

ゐのしゝ 猪

うすべり 薄縁

ゑんどう 豌豆

をぐるま 小車

らんかん　欄杆　りうもん　龍(竜)紋　るりいろ　瑠理色　れんこん　蓮根
ろくけん　緑券　わかもの　若者　ゐのしゝ　猪　うすべり　薄縁
ゑんどう　豌豆　をぐるま　小車

らんかん　欄杆　欄干とも書く
ろくけん　緑券＝明治維新後、それまでの俸禄の代償として、政府が士族などに支給した公債証書。

コラム

歴史的仮名遣い

「歴史的仮名遣い」とは「現代的仮名遣い」とは違うひらがなの表記法です。今私たちが習っている「現代仮名遣い」は歴史が新しく、第二次世界大戦後に確立したものです。その前までは、「歴史的仮名遣い」（「旧仮名遣い」ともいいます）が子どもたちに教えられていました。

本書では、『小學授業次第』初編を引用していますが、たとえば、最初の「ハヒフヘホの五音ワヰウヱヲの如く響く語」として「かは　川」「には　庭」「あはれ　憐」などを挙げています。これは、川は古来より「かは」と書いているけれども発音する時は「かわ」とするというわけです。同様に「には」は「にわ」、「あはれ」は「あわれ」と発音します。この「かは」「には」「あはれ」を「歴史的仮名遣い」あるいは「旧仮名遣い」といいます。

〔その他の例〕
夕立→ゆふだち　　交易→かうえき　　鉄道→てつだう
太陽→たいやう　　勉強→べんきやう

古文書でも「かな交じり」の文章では、よく出てくる表記なので慣れておく必要があります。

ただ本書では、「歴史的仮名遣い」をマスターすることよりも、やはり「変体仮名」に着目して、読めるかどうかチェックしてください。

Ⅲ　中級編

歴史的仮名遣いの言葉

ハヒフヘホノ五音ワヰウヱヲノ如ク響ク語

ワノ如キハ

かは 川　にはは 庭　いは 岩　うちは 團扇

にはとり 鶏　あはれ 憐　うるはし 麗　やはらか 柔

ヰノ如キヒ

たひ 鯛　こひ 鯉　よろひ 鎧　うぐひす 鶯

あきなひ 商　もとゆひ 元結　ぬひはく 縫箔　かひもの 買物

（『小學授業次第』初編）

ハヒフヘホノ五音ワヰウヱヲノ如ク響ク語

ワ　ノ如キ　ハ

かは　川　には　庭　いは　岩　うちは　團(団)扇

にはとり　鶏　あはれ　憐　うるはし　麗　やはらか　柔

ヰ　ノ如キ　ヒ

たひ　鯛　こひ　鯉　よろひ　鎧　うぐひす　鶯

あきなひ　商　もとゆひ　元結　ぬひはく　縫箔　かひもの　買物

ウノ如キフ

こてふ　胡蝶
ゆふだち　夕立
らふそく　蝋燭
ざふよう　雑用
へんたふ　返答
きふそく　急速
おもふ　思
きらふ　嫌

エノ如キヘ

いへ　家
ここのへ　九重
いにしへ　古
たとへ　譬
あへて　敢
むぐへ　膺
たへず　不絶
たくはへ　儲

ウ　ノ如キ　フ
こてふ　胡蝶　ゆふだち　夕立　らふそく　蝋燭　ざふよう　雑（雜）用
へんたふ　返答　きふそく　急速　おもふ　思　きらふ　嫌

ヱ　ノ如キ　へ
いへ　家　こゝのへ　九重　いにしへ　古　たとへ　譬
あへて　敢　はだへ　膚　たへず　不絶　たくはへ　儲

＊返答の「答」は草かんむりになっていますが、竹かんむりを「艹」（草かんむり）にすることはよくあります。

ヲノ如キホ

しほ　塩	おほかみ　狼
いほり　庵	とほめがね　遠眼鏡
あさがほ　朝顔	いきほひ　勢
おほぎみ　大君	おほし　多

アカサタナハマヤラワノ十音オコソトノホモヨロ

ヲノ軽キ音ノ如ク響ク語　オノ如キア

ちうあう　中央	きんあう　錦襖
あうむ　鸚鵡	あうなう　懊惱
あうくわ　櫻花	あうぎ　奥義

ヲ　ノ如キ　ホ

しほ　鹽（塩）　いほり　庵　あさがほ　朝顔　おほぎみ　大君

おほかみ　狼　とほめがね　望遠鏡　いきほひ　勢　おほし　多

アカサタナハマヤラワ　ノ十音　オコソトノホモヨロ

ヲ　ノ軽キ音ノ如ク響ク語　オ　ノ如キ　ア

ちうあう　中央　あうむ　鸚鵡　あうくわ　櫻（桜）花

きんあう　錦襖　あうなう　懊悩　あうぎ　奥義

コノ如キ　カ

がくかう　學校
かうしやく　講釋
かいかうば　開港場

かうえき　交易
かうざん　高山
かうし　孝子

ソノ如キ　サ

ゑざうし　繪草紙
にんさうみ　人相見
どざう　土藏

せいざうしよ　製造所
さうてん　蒼天
ふさう　扶桑

コノ如キ　カ

がくかう　學（学）校　かうしやく　講釋（釈）　かいかうば　開港場

かうえき　交易　かうざん　高（高）山　かうし　孝子

ソノ如キ　サ

ゑざうし　繪（絵）草子　にんさうみ　人相見　とざう　土蔵

せいざうしよ　製造所　さうてん　蒼天　ふさう　扶桑

ふさう＝ふそう　扶桑　日本国の異称

トノ如キタ

てつだう 鐵道

べんたう 弁當

ノノ如キナ

やくなう 藥嚢

なふりやう 納涼

たうじん 唐人

たうきじよ 陶器所

かんなう 肝腦

なうそ 曩祖

さたう 沙糖

たうぞく 盗賊

なうらん 惱乱

めなう 瑪瑙

トノ如キ　タ

てつだう　鐵（鉄）道　たうじん　唐人　さたう　砂糖
べんたう　弁當（当）　たうきじよ　陶器所　たうぞく　盗賊

ノノ如キ　ナ

やくなう　藥（薬）囊　かんなう　肝脳　なうらん　悩乱
なふりやう　納涼（涼）　なうそ　曩祖　めなう　瑪瑙

なうそ＝のうそ　曩祖＝先祖・祖先

ホノ如キハ

はうがく 方角　ていはう 提防　はうもつ 寶物

はうしゆん 芳春　はうがい 妨害　たはう 多忙

モノ如キマ

まうじう 猛獣　ぎよまう 魚網　まうご 妄語

さいまう 大望　さうまう 草莽　まうじん 盲人

ホ　ノ如キ　ハ

はうがく　方角　ていばう　隄（＝堤）防　はうもつ　寶（宝）物

はうしゅん　芳春　はうがい　妨害　たばう　多忙

モ　ノ如キ　マ

まうじう　猛獣　ぎよまう　魚網　まうご　妄語

たいまう　大望　さうまう　草莽　まうじん　盲人

さうまう＝そうもう　草莽＝草が茂っている所　民間　在野

ヨノ如キヤ

たいやう　太陽
せいやうじん　西洋人
やうきう　楊弓

もやう　模様
へうやう　飄揚
ひやう　飛颺

ロノ如キラ

らうどん　老人
れいらう　令郎
らうか　廊下

らうや　牢獄
くらう　苦労
らうぜき　狼藉

ヨ　ノ如キ　ヤ

たいやう　太陽　せいやうじん　西洋人　やうきう　楊弓

もやう　模様　へうやう　飄揚　ひやう　飛颺

ロ　ノ如キ　ラ

らうじん　老人　れいらう　令郎　らうか　廊下

らうや　牢獄　くらう　苦勞（労）　らうぜき　狼藉

飄　ひるがえす

颺　あがる

れいらう＝れいろう　令郎　他人の子息の尊敬語　令息

ヲノ如キワ

こくをう 國王

をうごん 黄金

ほうをう 鳳凰

をうらい 往来

をうだう 横道

をうじやく 尫弱

ヲ　ノ如キ　ワ

こくわう　國（国）王
わうらい　往来

わうごん　黄金
わうだう　横道

ほうわう　鳳凰
わうじやく　尫（尣）弱

ヨトヤノ前ニイキシチニヒヱリヲ持ツ短キ響キノ語幷ニ
エケセテ子ヘメレノ各一字ニテ共レニ近キ響キノ語

イ及ヒエ

せいよう　青蝿
いようちよう　膺懲
いやうし　養子

めんいやう　綿羊
かんえう　肝要
えうはい　遥拝

キ及ヒケ

きよくろく　曲彔
きやくざしき　客座舗
きよねん　去年

べんきやう　勉強
けうじゆ　教授
かげふ　家業

ヨトヤノ前ニイキシチニヒミリヲ持ツ短キ響キノ語　并ニ
エケセテネヘメレノ各一字ニテ其レニ近キ響キノ語

イ　及ヒ　エ

せいいよう　青蠅　いようちよう　膺懲　いやうし　養子
めんいやう　綿羊　かんえう　肝要　えうはい　遥拝（拝）

キ　及ヒ　ケ

きよくろく　曲彔　きやくざしき　客座鋪（敷と同字）　きようねん　凶年
べんきやう　勉強　けうじゆ　教授　かげふ　家業

いようちよう＝ようちょう　膺懲　うちこらすこと

曲彔　腰かけイス

シ及ヒセ

しよもつ　書物
じようきせん　蒸氣船
しやうばい　商賣

じやうばこ　状箱
せうちう　焼酎
せうそく　消息

チ及ヒテ

ちよく　猪口
ちやわん　茶碗
ちんちよう　珍重

こちやう　戸長
てうてい　朝廷
てうれん　調練

シ　及ヒ　セ

しよもつ　書物　じようきせん　蒸気船　しやうばい　商賣（売）

じやうばこ　状箱　せうちう　焼酎　せうそく　消息

チ　及ヒ　テ

ちよく　猪口　ちやわん　茶碗　ちんちよう　珍重

こちやう　戸長　てうてい　朝廷　てうれん　調練

ニ及ヒヰ

によゐ　如意
によし　女子
らうにやく　老若

いんによう　因仍
きんねう　金鐃
ゐねう　圍繞

ヒ及ヒヘ

ひやくしやう　百姓
ひようせう　氷雪
ひやうらう　兵糧

びやうき　病氣
へうたん　瓢簞
へうりう　漂流

ニ　及ヒ　ネ

にようゐ　如意　　にょし　女子　　らうにやく　老若

いんによう　因仍　　きんねう　金饒　　ゐねう　圍（囲）繞

ヒ　及ヒ　ヘ

ひやくしやう　百姓　　ひようせつ　氷雪　　ひやうらう　兵糧

びやうき　病氣（気）　　へうたん　瓢箪　　へうりう　漂流

ミ及ビメ

さんみやく　山脉

みやうもん　名聞

じゆみやう　壽命

めうじ　苗字

みやうにち　明日

めうけい　妙計

リ及ビレ

りよじん　旅人

りやうがけ　両掛

ちりやく　智略

れうけん　了簡

のぼりりよう　昇龍

れうり　料理

ミ　及ヒ　メ

さんみやく　山脉（脈）　じゆみやう　壽（寿）命　みやうにち　明日

みやうもん　名聞　めうじ　苗字　めうけい　妙計

リ　及ヒ　レ

りよじん　旅人　ちりやく　智略　のぼりりよう　昇龍

りやうがけ　兩（両）掛　れうけん　了簡　れうり　料理

りやうがけ＝りょうがけ　両掛＝旅行用の二つのつづら

ワノ前ニクヲ持ツ短キ響キノ語

くわうこく　皇國
ぐわいこく　外國
くわんぶ　官府
くわんぞく　貫屬
くわし　菓子
くわじ　火事

ツノ短キ響キノ語

につくわう　日光
げつき　月輝
まつたき　全
たつとき　尊
さつそく　早速
けつこう　結構

ワノ前ニク　ヲ持ツ短キ響キノ語

くわうこく　皇國（国）　ぐわいこく　外國（国）　くわんぷ　官府

くわんぞく　貫屬（属）　くわし　菓子　くわじ　火事

ツノ短キ響キノ語

につくわう　日光　げつき　月輝　まつたき　全

たつとき　尊　さつそく　早速　けつこう　結構

カタカナ

五十音《ごじふおん》

（『絵入智慧の輪』初編下）

五《ご》十《じふ》音《おん》

ア	カ	サ	タ	ナ	ハ	マ	ヤ	ラ	ワ
イ	キ	シ	チ	ニ	ヒ	ミ	イ	リ	井
ウ	ク	ス	ツ	ヌ	フ	ム	ユ	ル	ウ
エ	ケ	セ	テ	子	ヘ	メ	エ	レ	ヱ
オ	コ	ソ	ト	ノ	ホ	モ	ヨ	ロ	ヲ

【注意】ネ→子

ヤ行のイ・エ

ワ行の井・ヱ

にごり（濁音《だくおん》）

にごり（濁音《だくおん》）

ガ　ギ　グ　ゲ　ゴ

ザ　ジ　ズ　ゼ　ゾ

ダ　ヂ　ヅ　デ　ド

バ　ビ　ブ　ベ　ボ

なかばのにごり（半濁音《はんだくおん》）

なかばのにごり（半濁音《はんだくおん》）

パ　ピ　プ　ペ　ポ

品詞別の言葉

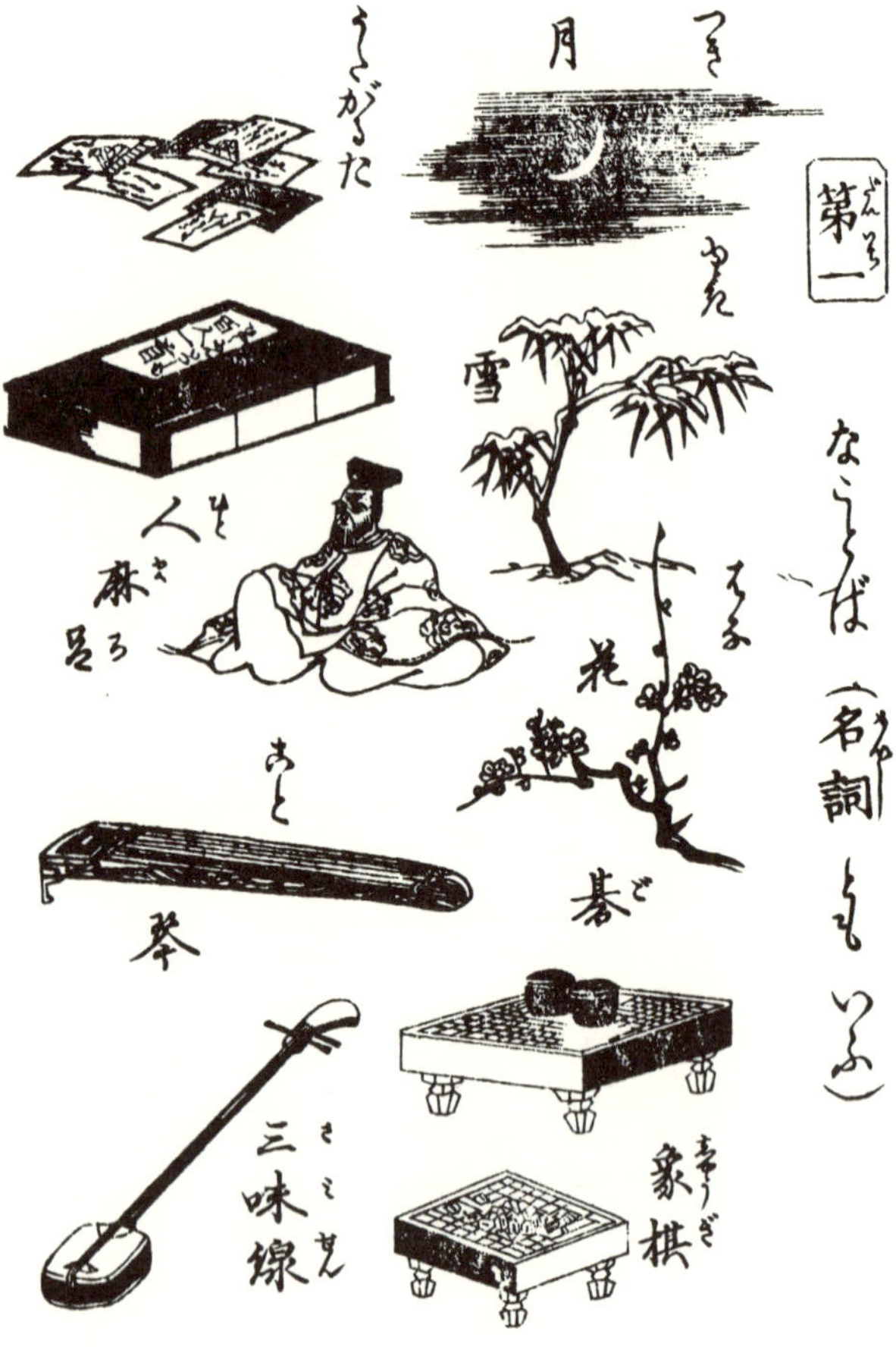

（『絵入智慧の輪』初編下）

第一《だいいち》　なことば（名詞《めいし》　とも　いふ）

つき　ゆき　はな

月　雪　花　碁《ご》　象棋《しやうぎ》

うたがるた　人麻呂《ひとまろ》　こと　琴　三味線《さみせん》

き ひ つち かね みづ

木《もく》火《くわ》土《ど》金《ごん》水《すい》

みぎの かぞへの ことばは え、ひとまくは
すめて あふゆし あまぼ。これを あげ年
て なぞらへば とる いふ あり

き　ひ　つち　かね　みづ
木《もく》　火《くわ》　土《ど》　金《ごん》　水《すい》
みぎの　たぐひ　の　ことば　は、ひと　または
ものゝ　な　にし　あれば、これ　を　なづけ
て　なことば　とは　いふ　なり

コラム 干支（かんし・えと）について

前の頁で大文字の「木・火・土・金・水」の五字が出てきました。実はこれは、万物は木・火・土・金・水の五つの元素から成り立っているという陰陽道の考えにもとづくものです。そして、それぞれに陽（兄・え）と陰（弟・と）があるので、合計十に分けられ、これを十干としています。例えば「木」の陽（え）は「きのえ」、木の陰（と）は「きのと」と言い、「甲」「乙」という漢字を当てます。十干と読み方は、次のようになります。左側は音読みです。

「木」甲《きのえ》《コウ》　乙《きのと》《オツ》　「火」丙《ひのえ》《ヘイ》　丁《ひのと》《テイ》　「土」戊《つちのえ》《ボ》　己《つちのと》《キ》

「金」庚《かのえ》《コウ》　辛《かのと》《シン》　「水」壬《みずのえ》《ジン》　癸《みずのと》《キ》

一方、干支《かんし》の「支」は十二ありこれを十二支といいます。十二支は、時間や方角を表す時にも使われ、古文書学習では覚えるべき重要事項です。また私たちにもなじみがあり、「私は寅年です」「あなたは辰年ですね」という時に使う表現がこれです。

十二支とその読み方は、次の通りです。

子《ね》《シ》　丑《うし》《チュウ》　寅《とら》《イン》　卯《う》《ボウ》　辰《たつ》《シン》　巳《み》《シ》　午《うま》《ゴ》　未《ひつじ》《ビ》　申《さる》《シン》　酉《とり》《ユウ》　戌《いぬ》《ジュツ》　亥《い》《ガイ》

この十干十二支を使った言葉は、歴史の勉強で聞き覚えがあると思います。「壬申の乱」「戊辰戦争」「辛亥革命」などがそうですね。御存じの「甲子園」だって、「甲子（きのえね）」の年にできたので「甲子園」なんです。西暦で言うと一九二四年ですが、実は干支は六〇年ごとにくりかえされるので、一九八四年も二〇四四年も「甲子」（きのえね）の年ということになります。これは十干の10と十二支の12の最小公倍数が60になるからです。旧暦では六〇歳になると赤いちゃんちゃんこを着て還暦のお祝いをされる風習もありました。

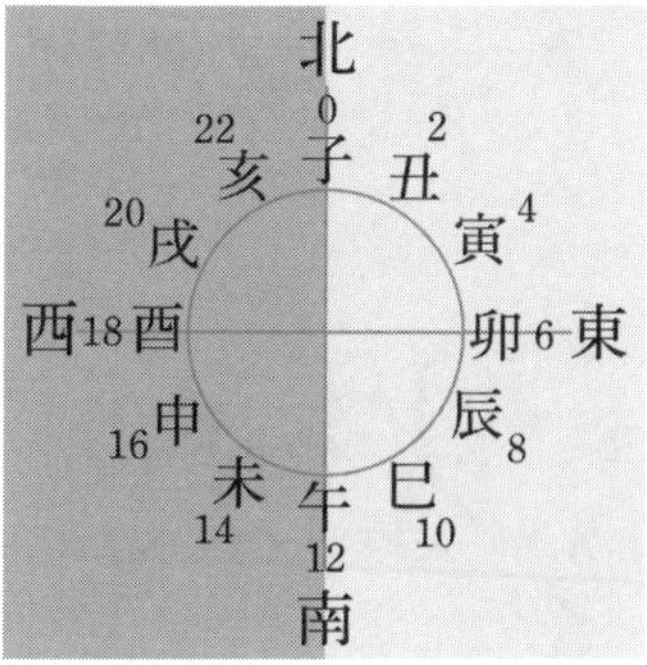

時間や方角を十二支で表すと上記のような図となります。

ゆきく　仁《じん》義《ぎ》禮《れい》智《ち》信《しん》

忠《ちう》孝《かう》

よろこび　かなしみ　ゆくゑ　うらみ　ゆかし

うれしく　あさましき　つれ

一　二　三　四　五

などの　たぐひも　やはり　ならば　なり

はるかん　よ　體言　実體信　など　と　かきて

ならとば　と　よませる　ハ　ふふ　ならばのこと　あり

また

仁《じん》　義《ぎ》　禮《れい》（礼）　智《ち》　信《しん》

忠《ちう》　孝《かう》

よろこび　かなしみ　にくみ　うらみ　ゆめ

うつゝ　はたらき　つかれ

一　二　三　四　五

など　の　たぐひ　も　やはり　なことば　なり

あるほん　に　體《たい》（体）言《げん》　実體《じつたい》（体）言《げん》　など　と　かきて

ゐことば　と　よませたる　は　みな　なことばの　ことなり

第《だい》二《に》　かへことば（代《だい》名《めい》詞をいふ）

わ　われ　わたくし。な　なんぢ　きみ　おまへ。

これ　それ　かれ。あは　こゝ　そこ　ぞの　なま。

なれのさびは。ひとゆきは　さらぬ

すなはちかくていふことばなれば。

これをなげかへて　かへことばといふ。

第二《だいに》　かへことば（代名詞《だいめいし》　とも　いふ）

わ　われ　わたくし、な　なんぢ　きみ　あなた、
これ　かれ　あれ、こは　この　そは　その、なに
たれ　の　たぐひ　は、ひと　また　は　さらぬ
ものゝ　な　に　かへ　て　いふ　ことば　なれ　ば、
これ　を　なづけて　かへことば　と　いふ、

第《だい》三《さん》

さまことば（形容詞《けいようし》といふ）

青《せい》 あをき

黄《くわう》 きなる

赤《しやく》 あかき

白《びやく》 しろき

黒《こく》 くろき

新《しん》 あたらしき

古《こ》 ふるき

長《ちやう》 ながき

短《たん》 みじかき

第三《だいさん》　さまことば（形容詞《けいようし》　とも　いふ）

あをき　きなる　あかき　しろき　くろき

青《せい》　黄《わう》　赤《しやく》　白《びやく》　黒《こく》

あたらしき　ふるき　ながき　みじかき

新《しん》　古《こ》　長《ちやう》　短《たん》

みぎの あそびは。かの まとを いるならば あれ
を。ちまきを あげまきて まと ならば と いふ
たとへば あをぞら 青空《せんくう》 あかきよ 長夜《ちやうや》 みどり
うきひ 短日《たんじつ》 黄菊《きぎく》 など いふ こと。あをき まき
青 あかきまき 長。みどかきまき 短 黄ハ そら
まる ひろ 菊 の まるを いるあり
まき ひとつき ふたつき 一尺《いつしやく》 二尺《にしやく》 の ひと
ふる 一 二 の ごとく。 ならば よ つ ハ さま
ならば あり
ある あん まは。 みるゆき てるつき あらし

みぎの　たぐひは、ものゝ　さま　を　いへる　ことば　なれば、これ　を　なづけて　さま　ことば　と　いふ
たとへば　あを　そら　青空《せいくう》　ながき　よ　長夜《ちやうや》　みじかき　ひ　短日《たんじつ》　黄菊《ききく》　など　いふ　とき、あを　また　青　ながき　また　長、みじかき　また　短　黄　は　そら　よる　ひる　菊　の　さま　を　いへるなり
また　ひとつき　ふたつき　一尺《いつしやく》　二尺《にしやく》　の　ひと　ふた　一　二　の　ごとく、なことば　に　つく　は　さま　ことば　なり
ある　ほん　には、ふるゆき　てる　つき　なく　むし

のゐるてるまくのあそびをつきさらば
（連體言《れんたいげん》）とあげてひと志にのことばより
よかてども。らもまさきなさらばあり
ずるちんに靈體言《れいたいげん》とかきてつきさらば
とよませたる八らふいふさなさらばのこと
なり

の　ふる　てる　なく　のたぐひ　を　つゞきことば
(連體言《れんたいげん》)　と　なづけ　て　ひと　しな　の　ことば　に
わかて　ども、　こも　また　さまことば　なり
ある　ほん　に　虚體言《きょたいげん》　と　かき　て　つきことば
と　よませたる　は　こゝに　いふ　さまことば　の　こと
なり

連體(体)言
虚體(体)言

第《だい》四 はたらきことば（動詞《どうし》ともいふ）

つきをみる　つぎをまつ　うまをまはす　いぬをうつ、ゆきのふる　はなのちる、ひとはさそはる　いぬにかまるの　みる　まつ　まはす　うつ　ふる　ちる　さそはる　かまるのたぐひは、みなものゝはたらきをいふことばなれど　これをなづけて　はたらきことばといふ

なる　かんには　用言《ようげん》また　活用言《くわつようげん》とかきて　はたらきことばとぞ　よみならはせける

第四《だいし》　はたらきことば（動詞《どうし》　とも　いふ）

つき　を　みる　つき　を　まつ　こま　を　まはす　いぬ
を　うつ、ゆき　の　ふる　はな　の　ちる、ひと　に
さそはる　いぬ　に　かまる　の　みる　まつ　まはす
うつ　ふる　ちる　さそはる　かまる　のたぐひ　は、
みな　ものゝ　はたらき　を　いふ　ことば　なれ　ば
これ　を　なづけて　はたらきことば　と　いふ
ある　ほん　には　用言《ようげん》　また　活用言《くわつようげん》　と　かきて
はたらきことば　とぞ　よませける

第《だい》五《ご》　そひことば（副《ふく》詞《し》ともいふ）

‖よく　‖はやく　‖ゆるく　‖あしたに　‖あつく　‖みじかく

のたぐひは。ありさまことば　またハ　はたらきことば　につきそひて。そのこころを　つよくもし　よわくもし。あるひハ　そひことば　ふたつも　みつも　つゞく　ときハ。ともの　そひことば　に　つきそひて。また　その　こころを　つよくもし　よわくもする　ことば　なり。この[illegible]を　そひことばと　なづく

たとへば　‖みると　いふを　たゞ　みるのみ　なるに。

［よく　みる］［つらく　みる］など　いふを　‖よく　ゆき　‖つらく

第五《だいご》　そひことば（副詞《ふくし》　とも　いふ）

よく　あしく　ふるく　あらたに　ながく　みじかく

の　たぐひ　は、はたらきことば　または　さま　ことば　に　つき　そひて、そのこゝろ　を　つよくもし　よわくもし、あるひは　そひことば　ふたつ　も　みつ　も　つゞく　とき　は、しも　の　そひことば　に　つきそひ　て、また　その　こゝろ　を　つよく　もし　よわくもする　ことば　なり、このゆゑに　これ　を　そひことば　と　なづく

たとへば　みる　と　いへ　ば　たゞ　みる　のみ　なる　に、よく　みる　つらく　みる　など　いへば　よく　また　つらく

ハ、みるといふはすきらばのらうをつくれ

まくかろくらうそろくゆくのかろくそろく

のあそびハはすきらばのらうをよろしく

いとあつきちあつさみどかきのいとちあつさの

あそびそきすきらばのらうをなげすけるなり

まくいとたくはうふゑちあつさおそくあつさあそ

のいとちあつさハ、たくふまくおそくあそ+の

ごろく、あそははごくきすきらばのらうをあそ

さげすくりのなり

あるわんに微窓言とかきてきすてば

とよませるハいのらうばのことなり

は、みるといふ　はたらきことば　の　こゝろ　を　つよくす
また　かろく　うつ　そろ〳〵　ゆく　の　かろく　そろ〳〵
の　たぐひ　は　はたらきことば　の　こゝろ　を　よわくす
いと　ながき　はなはだ　みじかき　の　いと　はなはだ　の
たぐひ　は　さまことば　の　こゝろ　を　あげさけする　なり
また　いと　たへにうたふ　はなはだ　おそく　ながるゝ　など
の　いと　はなはだ　は、たへに　また　おそく　など　の
ごとく、しも　に　つゞく　そひことば　の　こゝろ　を　あげ
さげ　する　もの　なり
　ある　ほん　に　形容言《けいようけん》　と　かきて　さまことば
と　よませたる　は　この　ことば　の　こと　なり

第六《だいろく》 付ことば（後詞）といふ

たとへば とハ が|の|を|へ|と|より|から|まで
のごとく、すべて なことば またハ かへことば の はてに
つきて それと ほかの ことば との なかだち に なる
ことば なり

たとへば [うめがか] [ひので] [そらよりおつる] の
が|の|より|の ならびハ、うめ|ひ|そら|などの ことば
の はてに つきて、ことば と ことば との なかだち と
なれる もし その なかだち なくハ [うめか] [ひで]
[そらおつる] など いはゞ、ことの こゝろ あきらか なら
ず

第六《だいろく》　あとことば（後詞《こし》　とも　いふ）

後詞＝助詞のこと

あとことば　とは　が　の　に　を　へ　と　より　から　など
の　ごとく、すべて　なことば　または　かへことば　の　あと　に
つき　て　それと　ほかのことば　との　なかだち　に　なる
ことば　なり
たとへば　うめ　が　か　ひ　の　で　みね　より　おつる　の
が　の　より　のたぐひ　は、うめ　ひ　みね　など　の　ことば
の　あと　に　つき　て、ことば　と　ことば　との　なかだち　とぞ
なれる　もし　この　なかだち　なしに　うめか　ひ　で
みね　おつる　など　いはゞ、こと　の　こゝろ　なにとも　わか
らず

あるぶんに指示言《しじげん》とかきてさしことばと
よませたるハこのことばのことなり
ぐたひくのことばまでハみぎのたぐひのことばハ
こま　ならばのまへにつくがゆゑかのぶん
をよむときハこれをまへことば前詞《ぜんし》といふべし

ある　ほん　に　指示言《しゝげん》　と　かきて　さしことば　と
よませたる　は　この　ことば　の　こと　なり
ぐわいこく　の　ことば　にては、　みぎの　たぐひ　の　ことばは
みな　なことば　の　まへ　に　つく　が　ゆゑに、　かの　ほん
を　よむ　とき　は　これを　まへことば（前詞《ぜんし》）と　いふべし

第七《だいしち》

つなぎことばは（接續詞《せつぞくし》ともいふ）うめとさくらさけにさかなのとにまたともどもてばゆゑまたおよびのたぐひは、ことばとことばをつなぎ、または句《く》と句《く》をつなぐことばなり、このゆゑにこれをつなぎことばとなづく

なほひとはこのことばをなづけてつづけことばといへり

接續（続）詞

第七《だいしち》 つなぎことば（接續詞《せつぞくし》 とも いふ）

うめ と さくら さけ に さかな の と に また とも
ども て ば あるひは また および の たぐひは、ことば
と ことば を つなぎ、または 句《く》 と 句《く》 を つな
ぐ ことば なり、このゆゑに これ を つなぎことば
と なづく

ある ひと は この ことば を なづけて
つゞけことば と いへり

第八《だいはち》 なげきことば（歎息詞《たんそくし》）をいふ

なげきことばとは。すべて かなしき うれしき おどろき つきて。はゝ‖ はて‖ やあ‖ やれ‖ おゝ‖ おや‖ えゝ‖ など のこゝろ。おぼえず くちに いづる ことばなり

ぐるひての ことばは ふでハ。なげきことば ハ ことばづかひ の あひだに まじるがゆゑに。その おもて を よむときハ これを いれことば（間投詞《かんとうし》）と いふべし

みぎの や しなの ことば を 八品詞《はちひんし》とは いふ なり

第八《だいはち》　なげきことば（歎息詞《たんそくし》　とも　いふ）

歎息詞＝感動詞

なげきことば　とは、すべて　かなしさ　うれしさ　などに
つきて、あゝ　あな　やあ　やれ　おゝ　おや　えゝ　など
の　ごとく、おぼえず　くち　に　いづる　ことば　なり

ぐわいこく　の　ことば　にては、なげきことば　は　ことばづかひ
の　あひだ　に　まじる　が　ゆゑに、かの　ふみ　を　よむときは
これ　を　いれことば（間投詞《かんとうし》）と　いふべし

みぎの　や　しなの　ことば　を　八品詞《はちひんし》とは
いふ　なり

付録

幼稚園唱歌集　１８８７

文部省音樂取調掛

編纂

幼稚園唱歌集

全

明治廿年七月五日出版版權届
同　年十二月　出版
東京音樂學校藏版

明治五年に公布された学制では「六歳迄ノモノ小学ニ入ル前」の子弟を対象にした「幼稚小学」の開設が謳われています。最初の開園は明治八年ごろで、唱歌の時間で使われる教材として『幼稚園唱歌集』が作られるようになりました。

ここで取り上げるのは、文部省音楽取調掛（現在の東京芸術大学）が編纂し、東京音楽学校（東京芸術大学音楽学部の前身）によって、明治二十年に発刊されたものです。

今でも知られている「蝶々（てふてふ）」「霞か雲か」などが収められています。外国の曲が大半ですが、日本語に訳された歌詞は、なじみのあるものばかりです。変体仮名が使われているので、解読の教材としてご活用ください。

第二　蝶々《てふ〳〵》

一　てふ〳〵てふ〳〵。菜《な》のはにとまれ。
なのはにあいたら。櫻《さくら》にとまれ。
櫻《さくら》のはなの。さかゆるみよに。
とまれよあそべ。あそべよとまれ。

第二　蝶々《てふ〳〵》

一
てふ〳〵てふ〳〵　菜《な》のはにとまれ
なのはにあいたら　櫻《さくら》（桜）にとまれ
櫻《さくら》（桜）のはなの　さかゆるみよに
とまれよあそべ　あそべよとまれ

〳〵　二文字以上のくりかえし記号

に→ （字母　耳）

第四 霞《かすみ》か雲《くも》か

一 かすみか雲《くも》か。はた雪《ゆき》か。
とばかりにほふ。その花《はな》さかり。
もゝとりさへも。うたふなり。

二 かすみは花《はな》を。へだつれど。
へだてぬ友《とも》と。来《き》てみるばかり。
うれしきことは。よにもなし。

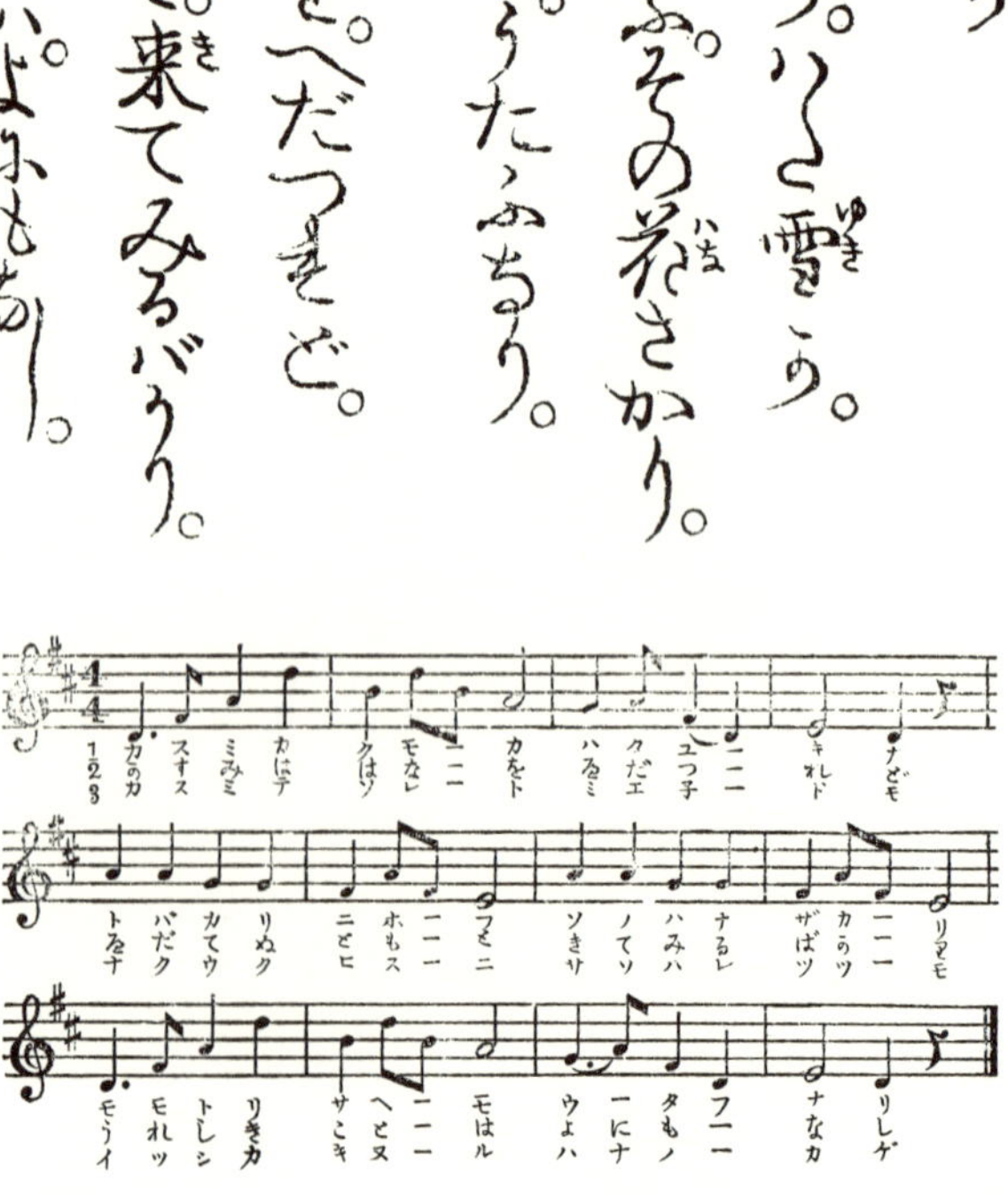

第四　霞《かすみ》か雲《くも》か

一　かすみか雲《くも》か　はた雪《ゆき》か
　とばかりにほふ　その花《はな》さかり
　もゝとりさへも　うたふなり

二　かすみは花《はな》を　へだつれど
　へだてぬ友《とも》と　来《き》てみるばかり
　うれしきことは　よにもなし

とばかり＝ちょっとの間

は↓

（字母　盤）

第五　學《まな》べよ

一　學《まな》べよ〱たゆまずうまず。
おくれずいそげよ。まなびの道《みち》まで。

二　まなびの道《みち》にハ。やまさかおほし。
山《やま》さかこゆれバ。さく花《はな》にあふ。

三　さく花《はな》かざして。たかねの月《つき》を。
とく見《み》よとく見《み》よ。高根《たかね》の月《つき》まで。

第五　學《まな》（学）べよ

一　學《まな》（学）べよ〳〵　たゆまずうまず
おくれずいそげよ　まなびの道《みち》を

二　まなびの道《みち》には　やまさかおほし
山《やま》さかこゆれば　さく花《はな》にほふ

三　さく花《はな》かざして　たかねの月《つき》を
とく見《み》よとく見《み》よ　高《たか》（高）根《ね》の月《つき》を

第七　友《とも》どち

一

友《とも》どちきたれ。われらのとも。
とく〳〵きたれ。いざやらう。
やまに野《の》邊《べ》にし。あそびてまし。
うたをうたひて。ゆきてまし。
をとこをみなも。とも〴〵に。

第七　友《とも》どち

一

友《とも》どちきたれ　われらのとも
とく〳〵きたれ　いざやこら
やまに埜《の》（野）邊《べ》（辺）に　あそびてまし
うたをうたひて　ゆきてまし
をとこ　をみなも　とも〴〵に

第十四　冬《ふゆ》の空《そら》

一　みよ〱〱。ふゆのそらを。
みよ〱〱。ふゆのそらを。
あられふりしき。嵐《あらし》さけぶ。
こよこよこよや。冬《ふゆ》のそらを。

第十四　冬《ふゆ》の空《そら》

一
みよ〱　ふゆのそらを
みよ〱　ふゆのそらを
あられふりしき　嵐《あらし》すさぶ
みよみよみよや　冬《ふゆ》のそらを

第廿　こゝなる門《もん》

一　こゝなる門《もん》は。だいがもん。
とほらバとほれ。こゝろの門《もん》。

二　こほをやこゝかれし。こゝろのもん。
これらのたるし。こゝるもん。

第廿　こゝなる門《もん》

一
こゝなる門《もん》は　たれがもん
とほらばとほれ　こゝの門《もん》

二
とほれやとほれ　こゝのもん
われらがたてし　こゝのもん

第廿一　うづまく水《みづ》

一　みよみよ子《こ》供《ども》。うづまく水《みづ》を。
うづまく水《みづ》に。ならひてめぐれ。
みよみよ子《こ》供《ども》。うづまく水《みづ》を。

二　みよみよ子供。うづまく水《みづ》を。
うづまく水《みづ》も。まきてぞとくる。
みよみよ子《こ》供《ども》。うづまくみづを。

第廿一　うづまく水《みづ》

一　みよ〳〵子供《こども》　うづまく水《みづ》を
うづまく水《みづ》に　ならひてめぐれ
みよ〳〵子供《こども》　うづまく水《みづ》を

二　みよ〳〵こども　うづまく水《みづ》を
うづまく水《みづ》も　まきてぞとくる
みよ〳〵子供《こども》　うづまくみづを

第廿三 毬《まり》

一 これらのまりをあそぶが如《ごと》く。
ゆきかひたえせず。たのしみ盡《つき》せず。
あそべよ〳〵。うたへよ うたへ。
まりなげあそべ。みなつれだちて。
まりなげあそべ。

第廿三　毬《まり》

一

われらのまりも　あそぶが如《ごと》く
ゆきかひたえせず　たのしみ盡《つき》（尽）せず
あそべよ〱　うたへようたへ
まりなげあそべ　みなつれだちて
まりなげあそべ

第廿七　蜜《みつ》蜂《ばち》

一　はちよ　みつばちよ。
花《はな》には戯《たは》れず。そが露《つゆ》をもちきて。
かもせ。ながのみつを。

二　こよや　みつばちよ。
春《はる》秋《あき》たえせず。蜜《みつ》をバつくりて。
もてこし。わざのたふとし。

第廿七　蜜蜂《みつばち》

一　はちよ　みつばちよ
花《はな》には戯《たは》れず　そが露《つゆ》もちきて
かもせ　ながみつを

二　こよや　みつばちよ
春秋《はるあき》たえせず　蜜《みつ》をばつくりて
もてこ　わがもとに

第廿八　一羽《いちは》の鳥《とり》

一

一羽《いちは》の鳥《とり》ハ。友《とも》待《まち》つけて。
あそびにゆきぬ。
ともよ〳〵。ともよいづこ。
こそわれをもさそへ。

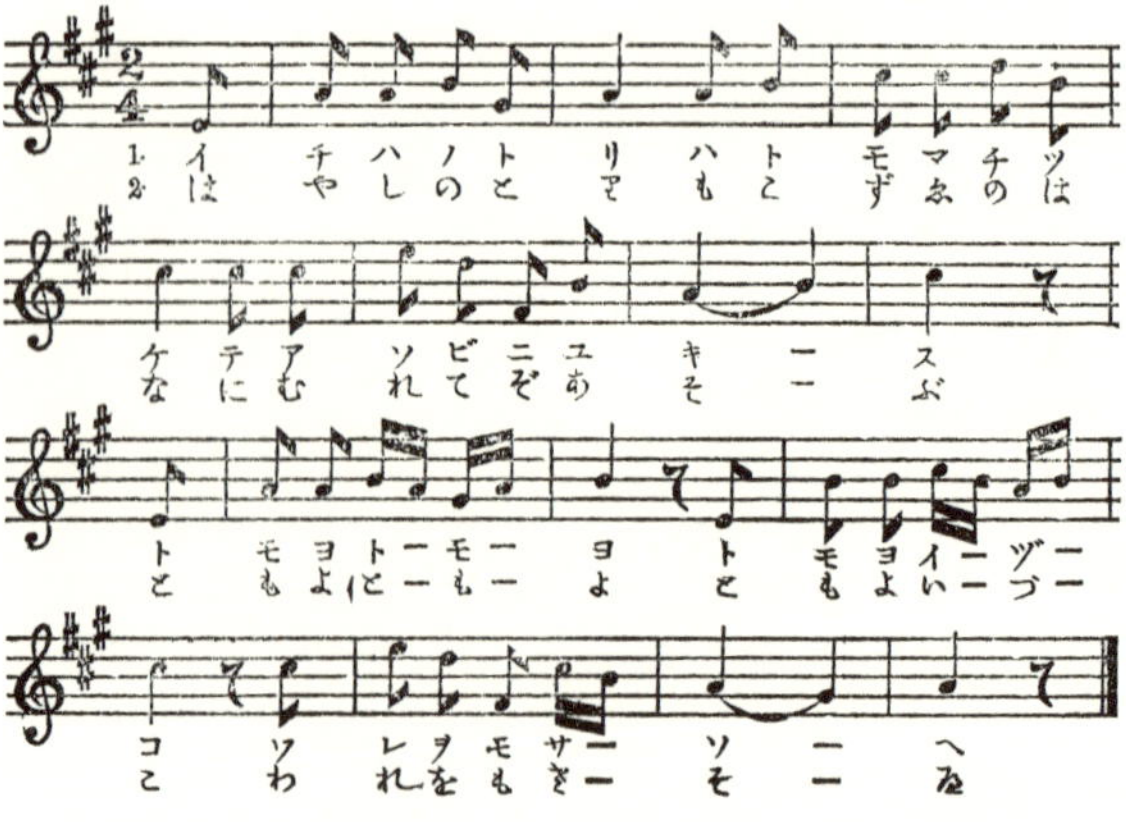

第廿八　一羽《いちは》の鳥《とり》

一

一羽《いちは》の鳥《とり》は　友待《ともまち》つけて
あそびにゆきぬ
ともよ〱　ともよいづこ
われをもさそへ

小林正博

こばやし・まさひろ

一九五一年東京都生まれ。博士（文学）。現在、一般社団法人古文書解読検定協会代表理事、東洋哲学研究所主任研究員、日本古文書学会会員、東京富士美術館評議員、学園都市大学古文書研究会顧問。生涯学習インストラクター古文書1級、博物館学芸員、図書館司書。著書に『日蓮の真筆文書をよむ』（第三文明社）『実力判定　古文書解読力』（柏書房）『読めれば楽しい！古文書入門』『これなら読める！くずし字・古文書入門』『書ければ読める！くずし字・古文書入門』（潮出版社）など。

潮新書 029

いろはで学ぶ！ くずし字・古文書入門

2019年 9月20日 初版発行

著 者｜ 小林正博
発行者｜ 南 晋三
発行所｜ 株式会社潮出版社
〒102-8110
東京都千代田区一番町6 一番町SQUARE
電話 ■03-3230-0781（編集）
■03-3230-0741（営業）
振替口座 ■00150-5-61090

印刷・製本｜ 株式会社暁印刷
ブックデザイン｜ Malpu Design

ISBN978-4-267-02198-5